bhv PRAXIS

**Perfekt präsentieren mit
Microsoft Office PowerPoint 2007**

Marion Birkner
Carsten Harnisch

bhv PRAXIS
Perfekt präsentieren mit Microsoft Office PowerPoint 2007

Die Informationen im vorliegenden Buch werden ohne Rücksicht auf einen eventuellen Patentschutz veröffentlicht.

Warennamen werden ohne Gewährleistung der freien Verwendbarkeit benutzt.

Bei der Zusammenstellung von Texten und Abbildungen sowie Material auf dem beiliegenden Datenträger wurde mit größter Sorgfalt vorgegangen. Trotzdem können Fehler nicht vollständig ausgeschlossen werden. Verlag, Herausgeber und Autoren können für fehlerhafte Angaben und deren Folgen weder eine juristische Verantwortung noch irgendeine Haftung übernehmen.

Für Verbesserungsvorschläge und Hinweise auf Fehler sind Verleger und Herausgeber dankbar.

Alle Rechte vorbehalten, auch die der fotomechanischen Wiedergabe und der Speicherung in elektronischen Medien.

Die gewerbliche Nutzung der in diesem Buch und auf der beiliegenden CD gezeigten Modelle und Arbeiten ist nicht zulässig.

Dieses Buch wurde der Umwelt zuliebe auf chlorfrei gebleichtem Papier gedruckt.

Copyright © 2007 by
bhv, Redline GmbH, Heidelberg
www.bhv-Buch.de

11 10 09 08 07

10 9 8 7 6 5 4 3 2 1

1. Auflage

ISBN 978-3-8266-7427-3

Printed in Germany

Inhalt

Einleitung **9**
Aufbau des Buches 9
Inhalt der Buch-CD 10

1 Der Einstieg **11**
PowerPoint-Begriffe 12
    Folien 12
    Layout und Design 12
Der Arbeitsbereich 14
    Multifunktionsleiste 14
    Symbolleiste für den Schnellzugriff 15
    Die Schaltfläche Office 16
    Vorschaufenster und Dokumentfenster ... 16
    Fensteransicht wechseln 19
Verschiedene Präsentationsformen 20

2 Eine Präsentation nach Vorlage erstellen **23**
Aktuelle Folien nach Vorlage erstellen 24
    Auswahl einer bestehenden Präsentationsvorlage   24
    Auswahl des Folienlayouts 26
    Einfügen neuer Präsentationsinhalte 27
    Text/Schriftart vergrößern 32
    Folien duplizieren und bearbeiten 34
    Folienreihenfolge ändern 35
    Folienübergänge einrichten 36
Registerkarte Bildschirmpräsentation 40
    Anzeigedauer für Folien »live« einstellen ... 41
    Zielgruppenorientierte Präsentation 42

3 Präsentationsvorlagen selbst erstellen 45
Design: Vorlagen nutzen oder selbst kreativ werden ... 46
   Designvorlagen 46
   Hintergrundformate 47
Text- und Textfelder formatieren 50
   Textfelder gestalten 50
   Text ausrichten 52
Folienmaster einrichten 57

4 Hilfsmittel für Ihre Präsentationen .. 65
Die Gliederungsansicht 66
   Arbeiten in der Gliederungsansicht 67
   Ebenen ein-/ausblenden 69
   Gliederung für Webpräsentation 69
   Importieren von Gliederungen 70
Notizen 70
   Formatieren der Notizen 71
   Notizen in der Webpräsentation 72
Handzettel 73
   Notizenmaster und Handzettelmaster 74
Drucken 74
   Besonderheiten bei der Farbausgabe 75

5 Formen 77
Formen einfügen 79
Formen bearbeiten 80
   Größe und Proportionen bestimmen 80
   Verschieben von Objekten 82
Formen gestalten 83
   Füllungen 83
   Konturen 84
   Effekte 84
Text in Formen 85
   Text nachträglich formatieren 86
Linien 87
   Verbindungslinien 87
Interaktive Schaltflächen 88

6 Objekte auf der Folie anordnen 91
Objekte duplizieren 92
Gruppieren 92
Raster und Führungslinien nutzen 94
Objekte aneinander ausrichten................................... 97
    Objekte relativ zur Folie ausrichten 99
Ebenen/Objektreihenfolge verändern 100

7 Zahlen präsentieren 101
Tabellen 102
    Tabellen aus anderen Anwendungen einfügen 102
    Tabellen direkt in PowerPoint erstellen 110
Diagramme 112
    Diagrammtypen 112
    Diagramme in PowerPoint erstellen 116
    Diagramme bearbeiten 121

8 SmartArt-Grafiken 129
Verschiedene Typen 130
SmartArts bearbeiten 134
    Text innerhalb der SmartArts 135
    SmartArt erweitern 136
    SmartArts Erscheinungsbild verändern 136
    Text in SmartArt umwandeln 138
    Aufzählungszeichen in SmartArts 140

9 Grafiken und Bilder 143
Unterschiedliche Bildstile und ihre Wirkung 144
Grafikformate 145
    Bitmap-Grafiken 145
    JPEG 146
    Vektorgrafiken 146
    GIF 146
Clip Organizer 147
    Bilder finden 148
    ClipArts einfügen 149
    Eigene Bilder dem Clip Organizer hinzufügen 150

10 Animationen ... 153
Folienübergänge ... 154
Vordefinierte und eigene Animationen ... 157
    Texte und Objekte animieren ... 157
    Animationspfade ... 166
Diagramme und SmartArts animieren ... 170
    Animationsschemas ... 170

11 Internetpräsentation ... 173
Präsentation als Webseite speichern ... 174
Darstellung der Präsentation im Web bearbeiten ... 176
Aktualisieren der Webseitenpräsentation ... 178

12 Gestaltungstipps ... 179
Die Wirkung von Farben ... 180
    Kalte und warme Farben ... 180
    Neutrale Farben ... 181
    Kontraste ... 181
    Ausgabeabhängige Farbauswahl ... 182
Der Umgang mit Schrift ... 183
    Schriftarten ... 183
    Schriftgestaltung ... 187

13 Neuheiten in PowerPoint 2007 ... 191
Fotoalbum ... 192
Dokumentinspektor ... 194
Die neuen XML-Dateiformate ... 196
    Globale Änderungen ... 197
    Sicherheit ... 197
Speichern als PDF und XPS ... 198

Index ... 201

Einleitung

Im Laufe der letzten Jahre sind die Ansprüche an eine Präsentation entsprechend unseren Sehgewohnheiten und der Art, wie wir Informationen aufnehmen, mehr und mehr gestiegen. Zugleich ist es immer einfacher geworden, eine professionelle Präsentation innerhalb kurzer Zeit und ohne umfangreiches Vorwissen selbst zu erstellen.

Wir möchten Sie mit dem vorliegenden Buch in die Lage versetzen, die umfangreichen und faszinierenden Möglichkeiten der neuen PowerPoint-Version 2007 zu nutzen, um professionelle und ansprechende Präsentationen zu gestalten, die ihr Publikum erreichen.

Die Möglichkeiten, Bild, Schrift, Film- und Sounddateien miteinander zu kombinieren sowie die vielen Animationsschemas und Folienübergänge, die Ihnen in PowerPoint zur Verfügung stehen, lassen aus Präsentationen multimediale Ereignisse werden, mit deren Hilfe Informationen einprägsam vermittelt werden können.

Aufbau des Buches

Nach einigen grundsätzlichen Bemerkungen zum Programm und den verschiedenen Präsentationsarten geht es schon im zweiten Kapitel darum, unter Verwendung einer Präsentationsvorlage Schritt für Schritt eine ansprechende Präsentation zu erstellen, die über automatische Seitenübergänge verfügt.

Danach zeigen wir Ihnen in Kapitel 3, wie Sie selbst eine Präsentationsvorlage erstellen und dadurch für das einheitliche Aussehen einer Präsentation sorgen können.

In Kapitel 4 erfahren Sie, wie Sie mit wenigen einfachen Schritten Begleitmaterial für das Publikum Ihrer Präsentationen erstellen können. In den weiteren Kapiteln finden Sie schließlich alles Wissenswerte zu den speziellen Hilfsmitteln und zur Funktionalität des Programms. Die Vermittlung zahlenbasierter Informationen anhand von Tabellen und Diagrammen gehört ebenso dazu wie die Nutzung von Formen oder SmartArt-Grafiken.

In Kapitel 9 dieses Buches haben wir so einfach und klar wie möglich die notwendigen Informationen zum Arbeiten mit Bildern zusammengefasst.

Aufgrund der großen Vielfalt von Möglichkeiten zum Animieren von Objekten, die PowerPoint bietet, haben wir auch diesem Thema in Kapitel 10 viel Raum gegeben, auch wenn gerade hier weniger oft mehr ist. Je genauer Sie die Möglichkeiten kennen, umso geschickter und zielorientierter werden Sie sie nutzen können.

Neben einem speziellen Kapitel mit Gestaltungshinweisen finden Sie gegen Ende des Buches natürlich auch die Neuheiten der Version 2007 wie Erklärungen zum neuen XML-Dateiformat, dem Fotoalbum oder dem Dokumentinspektor, der Ihre Präsentationen auf Metadaten überprüft, die Sie vor Freigabe oder Versand evtl. entfernen möchten.

Inhalt der Buch-CD

Auf der beiliegenden Buch-CD finden Sie die notwendigen Übungsdateien und Grafiken, um die Beispielpräsentationen des Buches erstellen zu können.

1 Der Einstieg

Ziel des Kapitels

⇨ Kennenlernen der wichtigsten PowerPoint-Begriffe und des Arbeitsbereichs

Schritte zum Erfolg

⇨ Folien, Folienlayout und Dokumentdesign
⇨ Die Arbeitsbereiche auf dem Bildschirm
⇨ Präsentationsformen

PowerPoint-Begriffe

Folien

Elementarer Bestandteil der Präsentation ist die *Folie*. Folien sind die einzelnen Seiten, aus denen eine PowerPoint-Präsentation besteht. Auf diesen Folien platzieren Sie Ihre Texte, Bilder, Grafiken und Diagramme.

Layout und Design

Folienlayout

Genau wie bei einer Zeitschrift, Broschüre oder einem Internetauftritt empfiehlt es sich auch bei einer Präsentation, im Sinne eines harmonischen Gesamteindrucks ein weitgehend einheitliches Seiten- bzw. Foliendesign und -layout zu wählen.

Ein *Folienlayout* besteht aus Platzhaltern für Ihre Texte, Bilder oder andere Informationen. PowerPoint 2007 enthält verschiedene Layoutvorlagen, die Sie verwenden oder Ihren Vorstellungen entsprechend anpassen können.

In der Abbildung unten sehen Sie drei der standardmäßig verfügbaren Folienlayouts, die Sie in PowerPoint 2007 auswählen können.

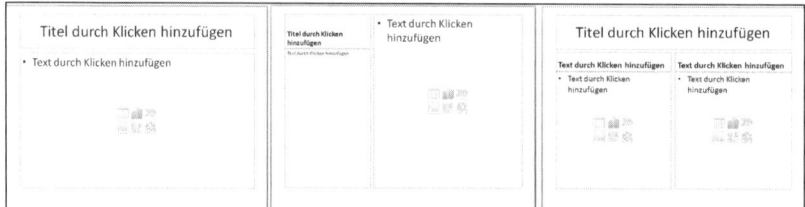

Abb. 1.1: PowerPoint-Standardlayouts

Die viereckigen Platzhalter, die Sie hier sehen, sind für Titel, Texte, Bilder, Tabellen, Diagramme oder audiovisuelle Mediendateien vorgesehen. Diese Platzhalter sind in den vordefinierten Layouts bereits auf unterschiedliche Art und Weise angeordnet. So sehen Sie hier beispielsweise ein Layout mit einem Titel, der quer am oberen

Rand der Folie verläuft und einem Platzhalter für jeglichen anderen Folieninhalt. Bei einer anderen Layoutvorlage befindet sich der Titelplatzhalter links oben, während darunter ein Textfeld und im rechten Folienbereich ein Platzhalter für beliebigen Inhalt vorgesehen ist. Ganz rechts in Abbildung 1.1 sehen Sie oben den Titelplatzhalter und darunter zwei nebeneinander angeordnete Inhaltsfelder.

Dokumentdesign

Die Farben, Schriftarten, den Hintergrund und das Aussehen gewisser Effekte auf Ihren Folien bestimmen Sie über das *Dokumentdesign*. Wie beim Folienlayout können Sie auch hier entweder eine der PowerPoint-Vorlagen nutzen oder eigene Designvorlagen erstellen. Unten sehen Sie ein Beispiel aus den PowerPoint-Designvorlagen:

Abb. 1.2: Dokumentdesign

Diese Designvorlage enthält u.a. das wellenförmige Bild am oberen Seitenrand, die Schrift *Calibri* für Titel- und die Schrift *Constantia* für Textfelder sowie bestimmte Farben für die Schrift und die Aufzählungszeichen, was hier im Schwarzweißdruck nur erahnt werden kann. Sie können sich dies auf Ihrem Computerbildschirm ansehen.

Der Arbeitsbereich

Nach dem ersten Start von PowerPoint 2007 sieht Ihr Bildschirm so aus:

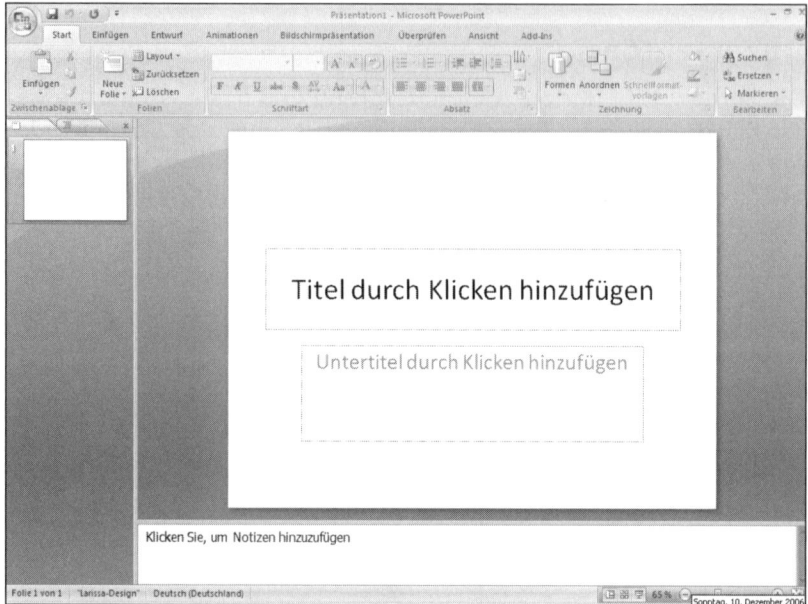

Abb. 1.3: **Startbildschirm**

Multifunktionsleiste

Im oberen Bereich befindet sich die so genannte *Multifunktionsleiste*, über die sich fast alle Menübefehle und Aufgaben erreichen lassen. Die Multifunktionsleiste ist zunächst in die Registerkarten *Start, Einfügen, Entwurf, Animationen, Bildschirmpräsentation, Überprüfen, Ansicht* und *Add-Ins* unterteilt. Innerhalb dieser Registerkarten wurden die Befehle aufgabenorientiert gruppiert. Wenn Sie beispielsweise die Registerkarte *Einfügen* per Mausklick aufrufen, werden Ihnen alle Elemente angezeigt, die Sie in eine Folie einfügen können. Die Elemente *Grafik, ClipArt, Fotoalbum, Formen,*

SmartArt und *Diagramm* befinden sich hier z.B. innerhalb der Aufgabengruppe *Illustrationen*:

Abb. 1.4: Ausschnitt der Registerkarte *Einfügen* mit den Aufgabengruppen *Tabellen*, *Illustrationen* und *Hyperlinks*

Symbolleiste für den Schnellzugriff

Oberhalb der Multifunktionsleiste finden Sie die *Symbolleiste für den Schnellzugriff*.

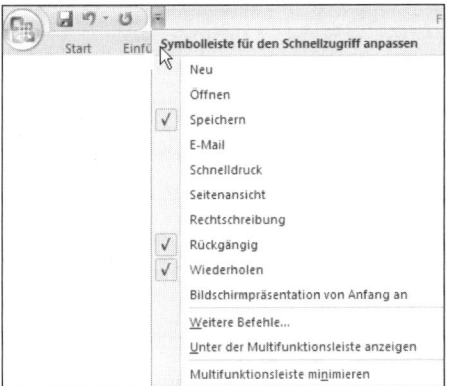

Abb. 1.5: Symbolleiste für Schnellzugriff

Diese enthält beim ersten Programmstart standardmäßig die Befehle *Speichern*, *Rückgängig* und *Wiederholen*:

Abb. 1.6: Die drei Standardbefehle in der Schnellzugriff-Symbolleiste

Über das Menü hinter dem nach unten gerichteten Pfeil kann der Schnellzugriffsleiste jeder beliebige Programmbefehl hinzugefügt werden. Ein Mausklick auf die gewünschte Option aktiviert das Häkchen davor und die Schnellzugriffsleiste wird um die entsprechende Befehlsschaltfläche ergänzt. Wie Sie in Abbildung 1.5 sehen, lässt sich unter der Option *Multifunktionsleiste minimieren* auch der Dokumentbereich vergrößern, indem Sie die Multifunktionsleiste reduzieren, sodass nur noch die Kartenreiter der einzelnen Registerkarte zu sehen sind:

Abb. 1.7: Multifunktionsleiste minimiert

Sehen Sie sich zum Vergleich Abbildung 1.4 (Ausschnitt mit maximierter Multifunktionsleiste) an.

Die Schaltfläche Office

Am oberen linken Bildschirmrand befindet sich die runde Office-Schaltfläche , über die sich allgemeine Befehle wie *Öffnen*, *Speichern*, *Drucken* usw. aufrufen lassen. Klicken Sie mit der Maus auf diese Schaltfläche, um die darüber verfügbaren Befehle zu sehen.

Vorschaufenster und Dokumentfenster

Nach dem Start von PowerPoint sehen Sie am linken Bildschirmrand ein *Vorschaufenster* mit den zwei Registerkarten *Folien* und *Gliederung* (siehe Abbildungen 1.3 und 1.8).

> **TIPP**
>
> Wenn die Namen der Registerkarten nicht automatisch angezeigt werden, halten Sie kurz den Mauszeiger auf die Kartenreiter oder ziehen Sie mit gedrückter Maustaste am rechten Rand des Vorschaufensters, bis dieses breit genug ist, um die Beschriftung anzuzeigen.

Rechts neben dem Vorschaufenster befindet sich das *Dokumentfenster*, in dem die aktuell ausgewählte Folie angezeigt wird und bearbeitet werden kann. Am unteren Rand sehen Sie das Notizfenster für Ihre persönlichen Notizen zur gerade angezeigten Folie (siehe Abbildung 1.3). Zu weiteren Nutzungsmöglichkeiten des Notizfensters erfahren Sie später mehr.

All diese Bereiche können Sie bedarfsgerecht vergrößern oder verkleinern, indem Sie mit gedrückter Maustaste an den Fensterrahmen ziehen (siehe Abbildung 1.10). Vorschau- und Notizfenster können Sie auch ganz ausblenden, indem Sie auf das X am oberen rechten Rand des Vorschaufensters klicken (siehe Abbildung 1.8).

Das Vorschaufenster eignet sich zum einen hervorragend dazu, zwischen den verschiedenen Seiten einer Präsentation zu navigieren, Seiten einzufügen, zu vertauschen oder zu löschen.

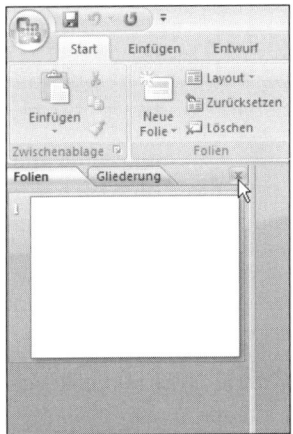

Abb. 1.8: **Vorschaufenster schließen**

Zum anderen sehen Sie unter der Registerkarte *Gliederung* die Struktur Ihrer Präsentation auf einen Blick und können diese dort schnell verändern. Weitere Nutzungsmöglichkeiten des Vorschaufensters werden Sie in Kürze kennen lernen.

Im Dokumentfenster sehen und bearbeiten Sie die Folien der Präsentation. Die Ansichtsgröße der Folien im Dokumentfenster bestimmen Sie über das *Zoom*-Werkzeug am unteren rechten Rand des Bildschirms:

Abb. 1.9: Werkzeuge zur Ansicht

Ziehen Sie mit gedrückter Maustaste an dem Prozentregler, um die Ansichtsgröße der Folie im Dokumentfenster zu verändern.

> **TIPP**
>
> Die angezeigte Prozentzahl (im Bild 64 %) können Sie auch überschreiben, indem Sie einmal mit der Maus darauf klicken und die gewünschte Prozentzahl manuell über Ihre Nummerntastatur eingeben.

Durch Anklicken des Symbols am rechten Rand wird die Folie der Fenstergröße angepasst. Mit den drei Schaltflächen am linken Rand haben Sie die Wahl zwischen diesen unterschiedlichen Ansichten:

⇨ Mit diesem Symbol wählen Sie die Bildschirmansicht der aktuellen Folie aus, d.h. die Folie füllt den gesamten Bildschirm aus, so wie es bei einer späteren Vorführung der Fall wäre.

⇨ Die Schaltfläche *Foliensortierung* dient zur Anzeige aller Folien im Dokumentfenster. Auch hier kann die Reihenfolge der Folien durch Ziehen mit der Maus verändert werden.

⇨ Mithilfe der Schaltfläche *Normal* kehren Sie jederzeit wieder zur Normalansicht zurück.

Verändern Sie die einzelnen Fenstergrößen durch Ziehen an einem der Begrenzungsrahmen (siehe Abbildung 1.10).

Sobald sich der Mauszeiger in einen Doppelpfeil verwandelt, können Sie den Begrenzungsrahmen bei gedrückter Maustaste hin- und herbewegen, um das Vorschaufenster zu vergrößern und das Dokumentfenster zu verkleinern.

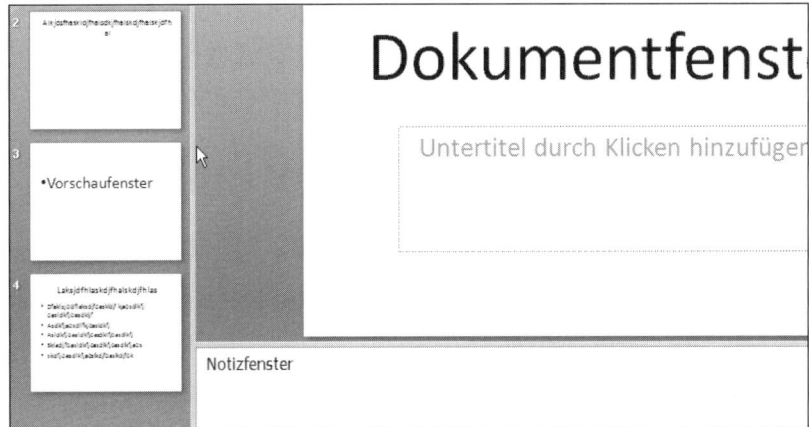

Abb. 1.10: Fenstergrößen verändern

> **TIPP**
>
> Auf diese Weise ändern Sie bei Bedarf auch automatisch die Ansichtsgröße der Folien im Vorschaufenster.

Fensteransicht wechseln

Unter der Registerkarte *Ansicht* in der Multifunktionsleiste finden Sie die Aufgabengruppe *Fenster*:

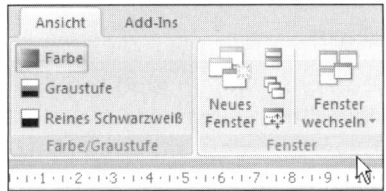

Abb. 1.11: Aufgabengruppe *Fenster*

Mithilfe der verschiedenen Schaltflächen in diesem Bereich können Sie:

⇨ zu einer anderen (geöffneten) Präsentation in PowerPoint wechseln

⇨ alle geöffneten Präsentationen unter- und nebeneinander anzeigen lassen

⇨ alle geöffneten Präsentationen überlappend anzeigen lassen

Verschiedene Präsentationsformen

Bevor Sie mithilfe des nächsten Kapitels bereits eine PowerPoint-Präsentation erstellen, wollen wir kurz auf die verschiedenen Möglichkeiten zur Vorführung oder Weitergabe einer Präsentation eingehen. Eine Präsentation kann verschiedene Formen haben bzw. mit unterschiedlichen Medien präsentiert werden.

Ausdruck auf Papier

Sie können die von Ihnen gestalteten Präsentationsfolien auf einem Farb- oder Schwarzweißdrucker in unterschiedlicher Qualität ausdrucken und verteilen.

Folienvortrag

Beim *Folienvortrag* (beispielsweise bei einer Schulung oder der Vorstellung einer neuen Werbekampagne) kann der Vortragende seine PowerPoint-Präsentation für das Publikum via Videobeamer auf eine helle Wandfläche projizieren. Mithilfe von Navigations- bzw. Steuerelementen kann dabei in der Präsentation navigiert werden.

Kioskpräsentation

Eine so genannte *Kioskpräsentation* läuft auf einem extra dafür bereitgestellten Monitorsystem selbstständig ab, muss also von vornherein so konzipiert werden, dass sie ohne persönliche Erläuterungen oder Steuerung von außen auskommt. Kaufhäuser können diese Präsentationsform z.B. dazu benutzen, die Verwendung bestimmter Produkte zu demonstrieren. Auch die von Ihnen in Kapitel 2 zu erstellende Präsentation ist eine solche Kioskpräsentation.

Bildschirmpräsentation (zur Ansicht am Computerbildschirm)

Sie können Ihre Präsentation auch an Ihre Zielgruppe versenden, z.B. per E-Mail oder auf CD. Die Empfänger einer solchen Datei können sich die Präsentation dann auf ihrem eigenen Computer ansehen und sie sofern vom Verfasser gestattet auch bearbeiten. Die Präsentation kann dabei entweder vollkommen selbstständig ablaufen (wie die Kioskpräsentation) oder mit interaktiven Steuerungselementen versehen werden, die den Betrachter bei der Navigation unterstützen.

Web-Präsentation

Mit PowerPoint erstellte Präsentationen können auch als HTML-Datei gespeichert und im Internet oder in einem firmeninternen Intranet veröffentlicht werden. Mehr dazu erfahren Sie in Kapitel 11.

2 Eine Präsentation nach Vorlage erstellen

Ziel des Kapitels

⇨ Erstellen aktueller Präsentationen auf der Basis vorhandener Vorlagen

Schritte zum Erfolg

⇨ Auswahl einer Präsentationsvorlage
⇨ Auswahl und Verwendung von Layouts
⇨ Einfügen von Text- und Bildinhalten
⇨ Folienübergänge einrichten
⇨ Präsentation zielgruppengerecht anpassen

Aktuelle Folien nach Vorlage erstellen

Unserer ersten Beispielpräsentation liegt folgende Idee zugrunde: Ein (fiktives) Reisebüro möchte im Schaufenster mit einer selbstständig ablaufenden Kioskpräsentation auf aktuelle Reiseangebote aufmerksam machen.

Ihre Aufgabe ist es, auf der Basis firmenspezifischer Präsentationsvorlagen eine Präsentation mit aktuellen Reiseangeboten zu erstellen, die ohne Eingriffe von außen auskommt.

Auswahl einer bestehenden Präsentationsvorlage

In vielen Unternehmen existieren firmenspezifische Präsentationsvorlagen, um einen einheitlichen Auftritt zu gewährleisten. Mithilfe derartiger Präsentationsvorlagen soll sichergestellt werden, dass die CI (Corporate Identity) eines Unternehmens gewahrt wird, indem Logos, Schriften, Farben usw. als feste Bestandteile einer solchen Vorlage gespeichert werden.

Die Beispiel-Präsentationsvorlage *Jeske_Reiseangebot.potx* finden Sie auf der Buch-CD.

Starten Sie das Programm PowerPoint 2007 und klicken Sie oben links auf die *Office*-Schaltfläche . Wählen Sie per Mausklick den Befehl *Neu* aus. Im Fenster *Neue Präsentation*, das sich daraufhin öffnet, klicken Sie mit dem Mauszeiger auf die Option *Neu von vorhandenem*.

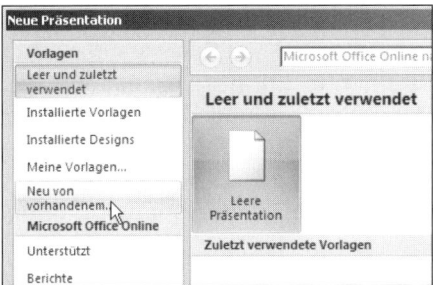

Abb. 2.1: Bestehende Präsentationsvorlage auswählen

Anschließend können Sie im Datei-Manager die Präsentationsvorlage *Jeske_Reiseangebot.potx* von der Buch-CD per Doppelklick auswählen, um diese Vorlage zu überschreiben. Die Dateiendung *.potx* signalisiert, dass es sich um eine Vorlagendatei handelt. Über den Befehl *Neu von vorhandenem* öffnen Sie nicht die Originalvorlage, sondern eine Kopie, die Sie bedenkenlos überschreiben können, ohne die Vorlage zu gefährden.

Die Präsentationsvorlage, die Sie nun sehen, besteht zunächst aus zwei Folien: einer Titelseite und einer Seite für Inhalte.

Abb. 2.2: Präsentationsvorlage *Jeske_Reiseangebote.potx*

Auswahl des Folienlayouts

Ihre Aufgabe besteht nun darin, verschiedene Reiseangebote des Unternehmens unter Verwendung dieser Vorlage zu präsentieren. Die Vorlage enthält neben dem Unternehmenslogo auch bereits die erforderlichen Schriftarten und -farben. (Wo und wie dies festgelegt wird, erfahren Sie in Kapitel 3 »Präsentationsvorlagen selbst erstellen«.)

Wählen Sie zunächst ein geeignetes Folienlayout für die Folie Nr. 1 (hier unsere Titelfolie) aus, die Sie bereits im Dokumentfenster sehen. (Falls nicht, klicken Sie im Vorschaufenster am linken Bildschirmrand die erste Seite mit der Maus an, damit sie auch im Dokumentfenster zur Bearbeitung erscheint.)

Zur Erinnerung: Sie können die Größe der einzelnen Arbeitsfenster Ihren Bedürfnissen anpassen, indem Sie mit gedrückter Maustaste an deren Begrenzungsrahmen ziehen. Wenn beispielsweise der Vorschaubereich zu viel Platz auf dem Bildschirm einnimmt, Sie ihn aber nicht ausblenden wollen, ziehen Sie den rechten Rand des Vorschaufensters ein Stück nach links (siehe Abbildung 1.10).

Um der ausgewählten Folie ein passendes Layout zuzuweisen, aktivieren Sie zunächst die Registerkarte *Start* per Mausklick (sofern diese nicht bereits angezeigt wird). In der Aufgabengruppe *Folien* klicken Sie mit der Maus das Feld *Layout* auf:

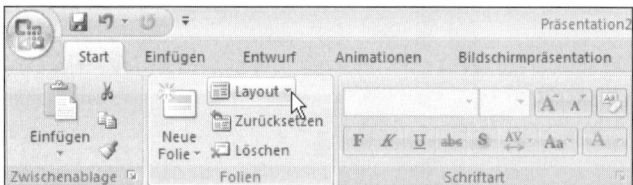

Abb. 2.3: Layout auswählen

Sie sehen dann die verfügbaren Layouts dieser Präsentationsvorlage. Wählen Sie für die Titelfolie das Layout *Startseite/Überschrift* aus, indem Sie mit der Maus darauf klicken.

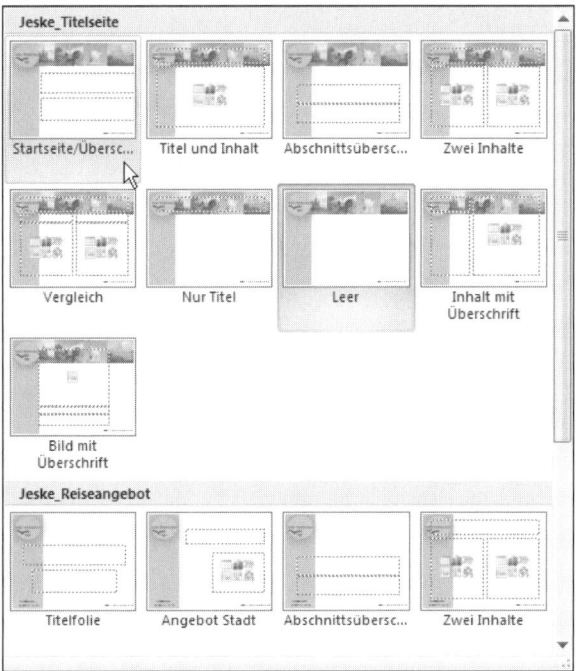

Abb. 2.4: Verfügbare Layouts

Der Folie im Dokumentfenster wird somit dieses Layout zugewiesen. Sie verfügt nun über zwei Textfelder (einen Titel- und einen Untertitel-Platzhalter), in die Sie hineinschreiben können.

Einfügen neuer Präsentationsinhalte

Um in ein Textfeld schreiben zu können, klicken Sie einfach mit der Maus hinein. Dann schreiben Sie in das Titel-Textfeld Frühling 2007. In das untere Textfeld schreiben Sie Unsere Reise-Specials. Die Titelseite Ihrer Kioskpräsentation ist damit bereits fertig gestellt. Die nächste Folie verlangt ein wenig mehr Aufwand: Sie soll das erste Reiseangebot enthalten und gleichzeitig als Vorlage für weitere Reiseangebote dienen. Um zur zweiten Folie zu wechseln, klicken Sie entweder im Vorschaufenster die Folie Nr. 2 an oder scrollen Sie im Dokumentfenster mit dem Mausrad nach unten.

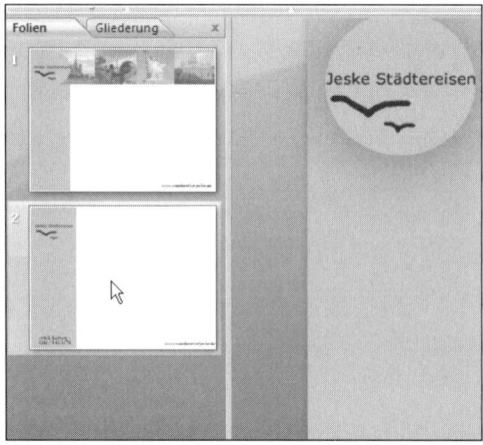

Abb. 2.5: Folienauswahl

Der zweiten Folie soll nun ein anderes Layout zugewiesen werden, welches sich für die einzufügenden Inhalte besser eignet. Klicken Sie wieder auf die Schaltfläche *Layout* unter der Registerkarte *Start* und wählen Sie dieses Mal die Layoutvorlage *Angebot Stadt* per Mausklick aus.

Abb. 2.6: Layoutauswahl für die 2. Folie

Das Layout wird damit für die ausgewählte Folie übernommen; auf der Folie sind nun die entsprechenden Platzhalter für Titeltext, Bild und Tabelle zu sehen. (Dieses Layout ist keine der Standardvorlagen in PowerPoint, sondern wurde von uns im so genannten *Folienmaster* eigens für diese Präsentation angelegt. Näheres zur Bedeutung der Folienmaster erfahren Sie in Kapitel 3 »Präsentationsvorlagen selbst erstellen«, wo Sie auch lernen, wie Sie diesen Folienmaster selbst einrichten.)

Erstellen Sie das erste Reiseangebot und beginnen Sie damit, das Wort ROM in den Titelplatzhalter auf der zweiten Folie zu schreiben.

> **TIPP**
>
> Wie Sie sehen, ist das Wort automatisch in einer bestimmten Farbe (hier Blau) und in einem bestimmten Schrifttyp (hier Calibri) sowie der Schriftgröße 72 formatiert. Hier wirken die Formatierungen der Präsentationsvorlage.

Klicken Sie danach mit der Maus auf das Bildsymbol im Bildplatzhalter und wählen Sie im Datei-Manager die Datei *Rom.jpg* aus dem Ordner *Bilder* von der Buch-CD per Doppelklick aus, um das Foto des Petersplatzes in die Folie einzufügen.

Klicken Sie anschließend mit der Maus auf das Tabellensymbol im Tabellenplatzhalter auf der linken Folienseite.

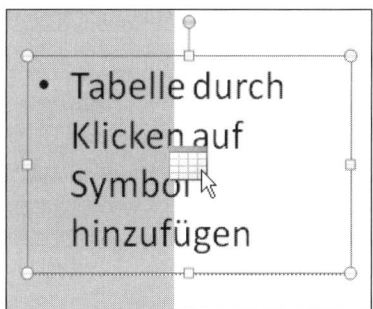

Abb. 2.7: Tabelle über Platzhalter einfügen

Im sich daraufhin öffnenden Dialogfenster *Tabelle einfügen* muss nun die benötigte Spalten- und Zeilenanzahl für die Tabelle eingegeben werden. Geben Sie hinter Spaltenanzahl 2 und hinter Zeilenanzahl 4 ein, wie in Abbildung 2.8 und klicken Sie auf OK.

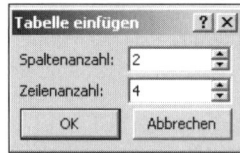

Abb. 2.8: Tabelle definieren

Die so eingefügte Tabelle hat ihr Aussehen von einer standardmäßig verwendeten PowerPoint-Tabellenformatvorlage. Sie benötigen diese Tabelle jedoch nur als Platzierungshilfe für Text und werden sie daher gleich umformatieren.

Durch das Einfügen einer Tabelle hat sich auch die Multifunktionsleiste am oberen Bildschirmrand verändert: Die nun aktive Registerkarte *Entwurf* ist eine der beiden tabellenbezogenen Registerkarten, die immer dann erscheinen, wenn eine Tabelle auf der Folie aktiviert ist. (Unter dem Hinweis *Tabellentools* sehen Sie die beiden Registerkarten *Entwurf* und *Layout*.) Diese beiden Registerkarten sind – ebenso wie alle anderen Registerkarten – in Aufgabenbereiche unterteilt, über die sich die zahlreichen Formatierungsoptionen für alle Elemente einer Tabelle erreichen lassen.

In der Aufgabengruppe *Tabellenformatvorlagen* können Sie nun die soeben eingefügte Tabelle umformatieren:

Klicken Sie auf den nach unten gerichteten Pfeil neben der Formatvorlagen-vorschau, um sich weitere Formatierungsoptionen anzeigen zu lassen:

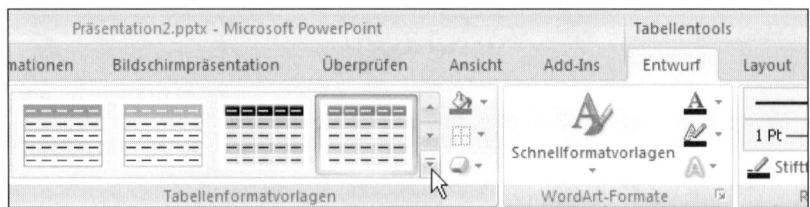

Abb. 2.9: Tabellenformatvorlagen

Wählen Sie anschließend die »Vorlage« *keine Formatvorlage, kein Gitternetz* ganz oben links durch Mausklick aus:

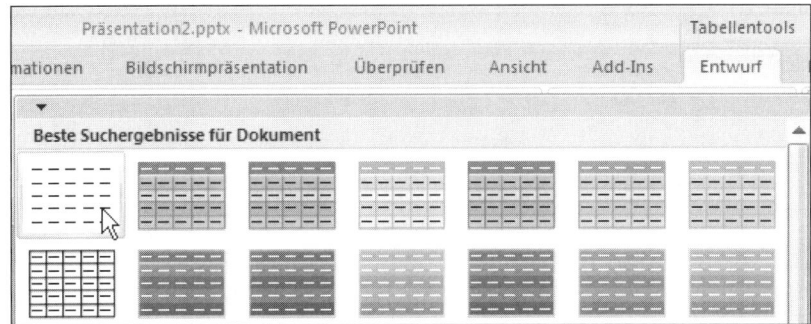

Abb. 2.10: Tabellenformat auswählen

(Der Name der einzelnen Vorlagen wird angezeigt, wenn Sie den Mauszeiger darauf halten.)

Ihre Folie im Dokumentfenster sollte jetzt so aussehen:

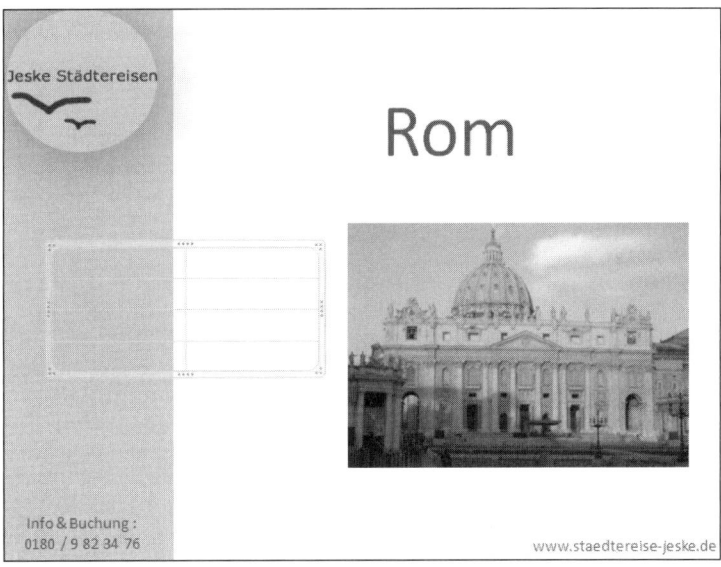

Abb. 2.11: Folienansicht

Die nun einzufügenden Daten des Reiseangebots »ROM« können Sie der Abbildung 2.12 entnehmen.

Eine Präsentation nach Vorlage erstellen

	A	B	C	D
1	Titel/Reiseziel	Rom	New York	Moskau
2	Datum	21. - 28. 04 2007	24. - 31.03.2007	06. - 13.04.2007
3	Flug ab	Köln	Düsseldorf	Frankfurt
4	Hotelkategorie	****	***	****
5	Preis	699,- Euro	999,- Euro	889,- Euro

Abb. 2.12: Excel-Tabelle mit den einzufügenden Reisedaten

> **CD**
>
> Die Tabelle finden Sie auch auf der Buch-CD in der Excel-Datei *Reisedaten Frühlingsangebote.xls*.

Füllen Sie die linke Tabellenspalte auf der PowerPoint-Folie mit den (fett gedruckten) Daten aus der Excel-Tabelle: *Datum*, *Flug ab*, *Hotelkategorie* und *Preis*. Tragen Sie dann in die rechte Tabellenspalte die zugehörigen Daten aus Spalte B der Excel-Tabelle ein.

Text/Schriftart vergrößern

Der soeben eingegebene Tabellentext sollte noch ein wenig vergrößert werden, damit die Informationen in der späteren Kioskpräsentation gut zu lesen sind. Markieren Sie den Tabellentext auf eine der folgenden Arten:

⇨ Klicken Sie mit der Maus in die Tabelle hinein und drücken Sie die Tastenkombination + (alles auswählen), um den gesamten Tabellentext zu markieren oder

⇨ ziehen Sie mit gedrückter Maustaste über alle Tabellenzeilen (von links oben nach rechts unten), um den gesamten Text zu markieren.

Aktivieren Sie anschließend per Mausklick die Registerkarte *Start* in der Multifunktionsleiste, um an den Aufgabenbereich *Schriftart* zu gelangen. Hier finden Sie alle typischen Textformatierungsoptionen.

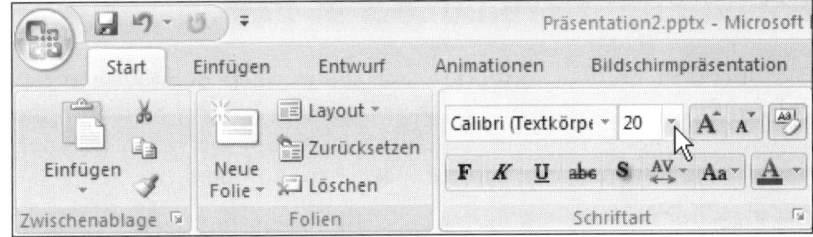

Abb. 2.13: Schriftgröße ändern

Klicken Sie in der Aufgabengruppe *Schriftart* auf den kleinen, nach unten gerichteten Pfeil neben der angezeigten Schriftgröße und wählen Sie aus der sich öffnenden Liste die Schriftgröße 20 per Mausklick aus.

Das erste Reiseangebot ist nun fertig und sieht so aus:

Abb. 2.14: Fertige Folie mit erstem Reiseangebot

Diese Folie können Sie als Vorlage für zwei weitere Reiseangebote nutzen, die nun erstellt werden sollen.

Folien duplizieren und bearbeiten

Die nächsten beiden Reiseangebote sollen nach dem Vorbild der Folie »ROM« gestaltet werden. Die einfachste Lösung ist daher, die vorliegende Folie zunächst zu duplizieren, um sie dann mit den neuen Inhalten (Text und Bild) zu füllen bzw. zu überschreiben.

Die Folie »ROM«, die Sie soeben erstellt haben, muss aktiviert sein. Notfalls klicken Sie im Vorschaufenster mit der Maus darauf. Dann duplizieren Sie sie über die Registerkarte *Start* per Mausklick auf die Schaltfläche *Neue Folie* (in der Aufgabengruppe *Folien*) und klicken dort auf die Option *Ausgewählte Folien duplizieren* (unterhalb der sichtbaren Layoutvorlagen).

> **TIPP**
>
> Duplizieren können Sie auch mit der Tastenkombination 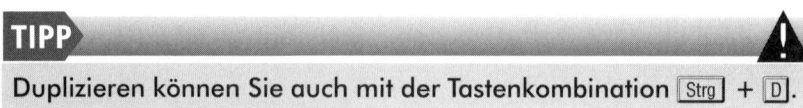 Strg + D.

Die duplizierte Folie erscheint unter/nach der Folie »ROM« und Sie können diese nun mit den Daten des nächsten Reiseangebots »NEW YORK« (siehe Abbildung 2.12) aktualisieren: Klicken Sie zunächst wieder in die Titelzeile, markieren Sie das Wort *ROM* und schreiben Sie New York darüber. Wenn Sie dann auf das Bild des Petersplatz klicken, wird oberhalb der Multifunktionsleiste der Hinweis auf *Bildtools* eingeblendet – inkl. der Registerkarte *Format*, welche die für die Bildbearbeitung benötigten Aufgabengruppen enthält. Aktivieren Sie die (Bildtools-)Registerkarte *Format* per Mausklick.

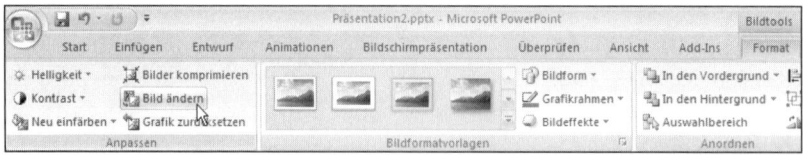

Abb. 2.15: Registerkarte *Format* unter Hinweis auf *Bildtools*

Wählen Sie dann durch Mausklick die Option *Bild ändern* aus, um das Rom-Bild durch ein neues Bild zu ersetzen. Im Datei-Manager wählen Sie jetzt das Bild *New York.jpg* von der Buch-CD per Doppelklick aus und das neue Bild wird statt des alten in die Folie eingefügt.

Klicken Sie nun mit der Maus in die Tabelle mit den Reisedaten und überschreiben Sie die Daten mit den Angaben aus der Spalte C der Excel-Tabelle (siehe Abbildung 2.12). Duplizieren Sie anschließend die gesamte Folie wie zuvor beschrieben und wenden Sie die gerade praktizierten Schritte ein drittes und letztes Mal auf das Reiseangebot »MOSKAU« an:

⇨ Folie duplizieren mit [Strg] + [D]

⇨ Titeltext überschreiben

⇨ neues Bild einfügen

⇨ Tabellendaten aktualisieren

Folienreihenfolge ändern

Vielleicht entscheiden Sie später, dass die Seiten Ihrer Präsentation in einer anderen Reihenfolge gezeigt werden sollen. Solche Änderungen können Sie sehr einfach z.B. im Folienvorschaufenster vornehmen: Klicken Sie mit der Maus in das Vorschaufenster hinein, um es zu aktivieren. Klicken Sie auf die Folie »ROM« und ziehen Sie sie bei gedrückter Maustaste hinter die letzte Folie Ihrer Präsentation. Die aktuelle Position der Folie wird dabei durch eine schmale Querlinie angezeigt. Lassen Sie die Maustaste los, wenn sich die Folie an der gewünschten Stelle befindet.

Oder Sie nutzen die Ansicht *Foliensortierung* (praktisch bei umfangreicheren Präsentationen, da Sie sich eine größere Anzahl von Folien gleichzeitig auf dem Bildschirm ansehen können). Klicken Sie hierzu die Registerkarte *Ansicht* in der Multifunktionsleiste an. Wählen Sie dann die Option *Foliensortierung* aus (in der Aufgabengruppe *Präsentationsansichten*).

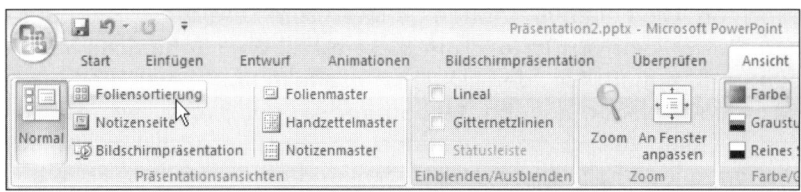

Abb. 2.16: Option *Foliensortierung*

Eine Präsentation nach Vorlage erstellen

Der gesamte Bildschirmbereich unterhalb der Multifunktionsleiste steht daraufhin für die Vorschau aller Präsentationsfolien zur Verfügung. Auch in dieser Ansicht können Sie die Folienreihenfolge per Drag and Drop wie oben beschrieben ändern.

Folienübergänge einrichten

Wenn Sie dem Buch bis hierher gefolgt sind, haben Sie vier Seiten einer Präsentation erstellt, die so aussieht:

Abb. 2.17: Ansicht der von Ihnen erstellten 4-Seiten-Präsentation

Damit diese später auf dem Monitor des Reisebüros selbstständig ablaufen kann, ist es notwendig, so genannte *Folienübergänge* einzurichten. Die Folienübergänge gehören zum Bereich der Animationen. PowerPoint verfügt auch in diesem Fall über zahlreiche Vorlagen, mit denen Sie den Übergangseffekt von einer Folie zur nächsten festlegen können. Neben der Art und Weise, wie die Folien auf dem Bildschirm erscheinen, können Sie auch bestimmen, wie lange jede Folie zu sehen sein soll und ob die nächste Folie automatisch eingeblendet wird oder manuell durch Mausklick:

⇨ Aktivieren Sie die erste Folie (Titelfolie: *Frühling 2007*) per Mausklick im Vorschaufenster.

⇨ Klicken Sie mit der Maus auf die Registerkarte *Animationen* in der Multifunktionsleiste.

⇨ In der Aufgabengruppe *Übergang zu dieser Folie* sehen Sie sechs der Symbole für verschiedene Folienübergänge. Halten Sie den Mauszeiger auf die Symbole und beobachten Sie den Effekt im Dokumentfenster. Um mehr Symbole für Folienübergänge zu sehen, klicken Sie auf den nach unten gerichteten Pfeil unten rechts neben den Symbolen.

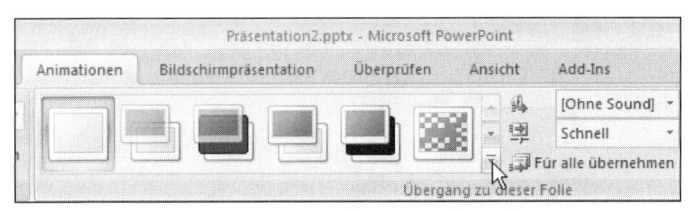

Abb. 2.18: Registerkarte *Animationen*

⇨ Um alle möglichen Folienübergänge zu sehen, ziehen Sie den Regler für die Folienübergänge (am rechten Rand des Vorschaufensters) mit gedrückter Maustaste nach unten oder scrollen Sie mit dem Mausrad einfach nach unten.

Abb. 2.19: Alle Folienübergänge anzeigen

Eine Präsentation nach Vorlage erstellen

⇨ Um eine Vorschau des jeweiligen Effekts im Dokumentfenster zu sehen, halten Sie den Mauszeiger auf die Folienübergangssymbole.

> **TIPP**
>
> Probieren Sie unterschiedliche Folienübergänge aus, indem Sie die Maus auf die einzelnen Symbole halten, um ein Gefühl für die Wirkung der verschiedenen Effekte zu bekommen.

Im rechten Bereich der Aufgabengruppe *Übergang zu dieser Folie* lassen sich weitere Einstellungen vornehmen:

⇨ Neben dem Symbol *Übergangssound* kann dem Erscheinen der Folie über die entsprechende Auswahl im Listenfeld ein Sound hinzugefügt werden.

⇨ Unter der Schaltfläche *Übergangsgeschwindigkeit* kann zwischen drei Geschwindigkeiten für das Erscheinen der Folie gewählt werden.

⇨ Die unterste Schaltfläche *Für alle übernehmen* nutzen Sie, wenn der gewählte Folienübergang auf alle Folien Ihrer Präsentation angewendet werden soll.

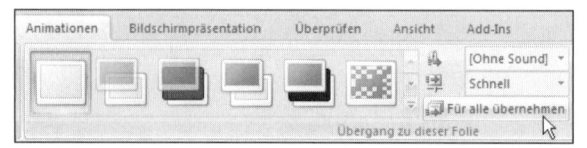

Abb. 2.20: Listenfelder für *Sound hinzufügen* und *Geschwindigkeit der Folienübergänge festlegen*, Schaltfläche *Für alle übernehmen*

Beginnen Sie jetzt mit dem Einrichten der Folienübergänge für die von Ihnen erstellte Präsentation:

⇨ Aktivieren Sie die erste Folie und wählen Sie einen der Folienübergänge aus.

⇨ Verfahren Sie ebenso bei den nächsten drei Folien.

⇨ Gehen Sie zurück zur ersten Folie und wählen Sie eine Übergangsgeschwindigkeit aus. Geben Sie die gewünschte Übergangsgeschwindigkeit auch für die weiteren Folien einzeln an oder

⇨ klicken Sie auf die Schaltfläche *Für alle übernehmen*. In diesem Fall werden die Einstellungen des Folienübergangs für alle Folien übernommen.

Bestimmen Sie nun noch, wie lange jede Folie auf dem Bildschirm zu sehen sein soll. In diesem Fall bieten sich für Titel- und die weiteren Folien unterschiedliche Geschwindigkeiten an. Die Titelfolie, die hier lediglich als Einleitung für die eigentlichen Reiseangebote gedacht ist, enthält wenig Informationen und muss so lange zu sehen sein wie die Reiseangebote.

⇨ Klicken Sie auf die Titelfolie und aktivieren Sie in dem Bereich unter *Nächste Folie* die Option *Automatisch nach* per Mausklick. Geben Sie 4 Sekunden an, indem Sie mit der Maus so lange auf den nach oben gerichteten Pfeil neben der Zeitangabe klicken, bis dort *00:04* steht.

Abb. 2.21: Anzeigedauer der Folien bestimmen

⇨ Geben Sie für die restlichen Folien im Vorschaufenster eine Anzeigedauer von 10 Sekunden ein. (Auf diesen Folien stehen die Reisedaten, daher sollte hierfür eine längere Anzeigedauer gewählt werden, damit der Betrachter ausreichend Zeit hat, alle Informationen aufzunehmen.)

TIPP

Sie können den Folien 2-4 die Anzeigedauer von 10 Sekunden in einem Schritt zuweisen, wenn Sie sie vorher im Vorschaufenster gemeinsam markieren und erst dann die gewünschte Anzeigedauer eingeben.

Eine Präsentation nach Vorlage erstellen

Registerkarte Bildschirmpräsentation

Das Ergebnis Ihrer Einstellungen können Sie sich ansehen, indem Sie unter der Registerkarte *Bildschirmpräsentation* die Schaltfläche *Von Beginn an* mit der Maus anklicken. Probieren Sie dies einmal aus:

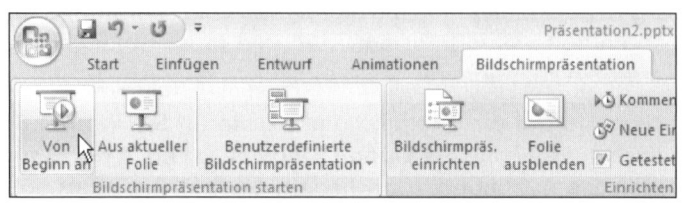

Abb. 2.22: Bildschirmpräsentation starten

Sie werden feststellen, dass die Präsentation nach der letzten Seite endet. Da die Präsentation im Dauerbetrieb und ohne Eingriffe von außen laufen soll, müssen Sie nun dafür sorgen, dass sie nach der letzten Folie von vorn beginnt. Unter der Schaltfläche *Bildschirmpräsentation einrichten* – die sich ebenfalls innerhalb der Registerkarte *Bildschirmpräsentation* befindet – öffnet sich das unten stehende Dialogfeld:

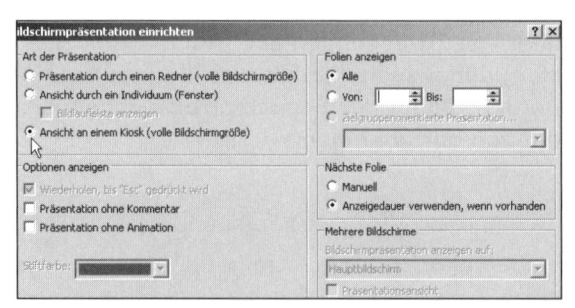

Abb. 2.23: Dialogfeld *Bildschirmpräsentation einrichten*

Hier können Sie das Feld *Ansicht an einem Kiosk* anklicken. Automatisch wird dadurch auch die Einstellung *Wiederholen, bis »Esc« gedrückt wird* aktiviert. Klicken Sie anschließend auf OK, um die Einstellung zu übernehmen.

> **TIPP**
>
> Über die Taste [F5] startet die Präsentation jederzeit im Vorführmodus. Über die Tastenkombination [⇧] + [F5] können Sie jeweils nur die aktuelle Folie im Vorführmodus ablaufen lassen. Mit [Esc] kehren Sie wieder zur vorherigen Ansicht zurück.

Anzeigedauer für Folien »live« einstellen

Deutlich vereinfacht wird die Einschätzung der notwendigen Anzeigedauer für Ihre Folien durch die Möglichkeit, in PowerPoint 2007 die Folienanzeigedauer während einer testweise ablaufenden Bildschirmpräsentation festzulegen.

Unter der Registerkarte *Bildschirmpräsentation* finden Sie auch die Schaltfläche *Neue Einblendezeiten testen*:

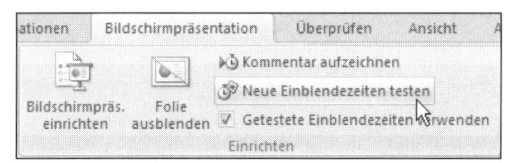

Abb. 2.24: Schaltfläche *Neue Einblendezeiten testen*

Wenn Sie nach Fertigstellung Ihrer Präsentationsinhalte auf diese Schaltfläche klicken, startet die Bildschirmpräsentation inkl. des Menüs *Probelauf* am linken oberen Bildschirmrand:

Abb. 2.25: Menü *Probelauf*

Hier läuft eine Uhr und Sie können während Sie die Bildschirmpräsentation betrachten nach Ablauf einer Ihnen angemessen erscheinenden Zeit zur nächsten Folie übergehen, indem Sie den nach rechts gerichteten Pfeil (für Weiter) anklicken. Die Anzeigedauer für jede einzelne Folie wird dementsprechend gespeichert. Den Testlauf können Sie natürlich beliebig oft wiederholen.

Sie können auch bei jeder einzelnen Folie mit dem Betrachten von vorn beginnen (und damit auch mit der Aufzeichnung der Anzeigedauer), indem Sie den nach links gebogenen Pfeil neben der Zeitanzeige (für Wiederholen) anklicken.

Zielgruppenorientierte Präsentation

Sie können auf der Grundlage Ihrer fertigen Präsentation auch spezielle Zielgruppenpräsentationen erstellen. Das bedeutet nichts anderes, als dass Sie für die zielgruppenorientierte Präsentation Folien entfernen und deren Reihenfolge verändern können. Die ursprüngliche Präsentation bleibt erhalten und Sie können bei Bedarf eine vorbereitete, von der Ursprungspräsentation abweichende Präsentation ablaufen lassen.

➪ Klicken Sie unter der Registerkarte *Bildschirmpräsentation* auf die Schaltfläche *Benutzerdefinierte Bildschirmpräsentation* und darunter auf die Option *Zielgruppenorientierte Präsentation* (siehe Abbildung 2.26).

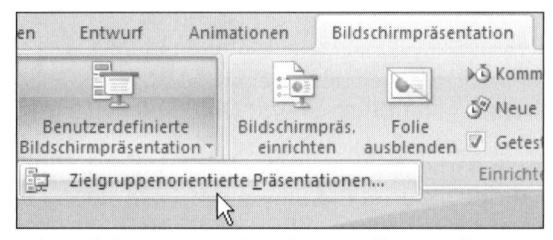

Abb. 2.26: Zielgruppenorientierte Präsentation erstellen

➪ Klicken Sie im Dialogfeld *Zielgruppenorientierte Präsentation* auf *Neu*, um eine zielgruppenorientierte Präsentation zu erstellen (siehe Abbildung 2.27).

Im sich daraufhin öffnenden Dialogfeld *Zielgruppenorientierte Präsentation definieren* wählen Sie aus der Liste der Folien unter *Folien in der Präsentation* die Folien aus, die der Zielgruppe gezeigt werden sollen. Klicken Sie mit der Maus auf jede gewünschte Folie und anschließend auf die Schaltfläche *Hinzufügen* (siehe Abbildung 2.28).

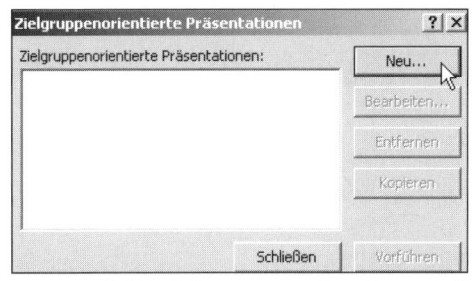

Abb. 2.27: Dialogfeld *Zielgruppenorientierte Präsentation*

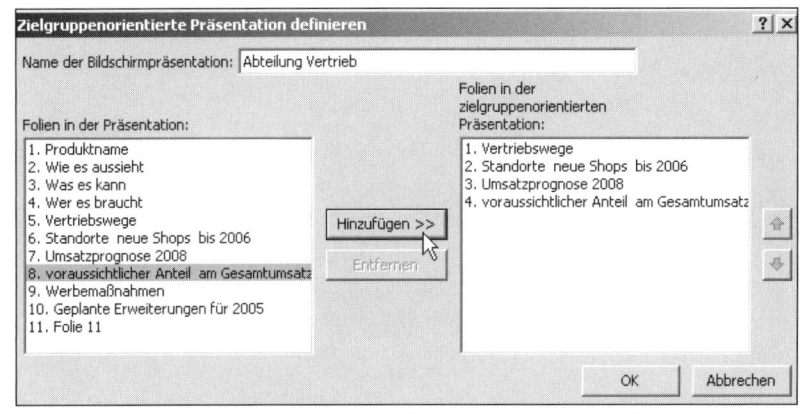

Abb. 2.28: Zielgruppenorientierte Präsentation definieren

Rechts im Fenster sehen Sie die Folien der neuen Präsentation, die Sie in Ihrer Reihenfolge verändern können, wenn Sie eine Folie anklicken und daraufhin mit den Pfeiltasten nach oben oder unten verschieben.

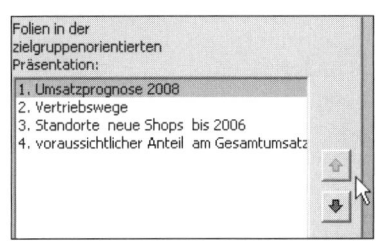

Abb. 2.29: Pfeiltasten zum Verändern der Folienreihenfolge in der zielgruppenorientierten Präsentation

Eine Präsentation nach Vorlage erstellen

3 Präsentationsvorlagen selbst erstellen

Ziel des Kapitels

⇨ Designvorlagen nutzen und ändern, Kennenlernen des Folienmasters

Schritte zum Erfolg

⇨ Kennenlernen der PowerPoint-Designvorlagen

⇨ Formatieren von Text- und Textfeldern

⇨ Einrichten eines Folienmasters

Im letzten Kapitel haben Sie für das Erstellen der selbst ablaufenden Kioskpräsentation auf eine bestehende Vorlage zurückgegriffen. Wir zeigen Ihnen in diesem Abschnitt, wie Sie eigene Vorlagen erstellen können.

Zuvor sollten Sie sich mit ein paar grundsätzlichen Gestaltungsmöglichkeiten von PowerPoint 2007 vertraut machen.

Design: Vorlagen nutzen oder selbst kreativ werden

Designvorlagen

Unter der Registerkarte *Entwurf* in der Multifunktionsleiste finden Sie neben der Aufgabengruppe *Seite einrichten* auch die beiden Aufgabengruppen *Designs* und *Hintergrund*, siehe Abbildung 3.1.

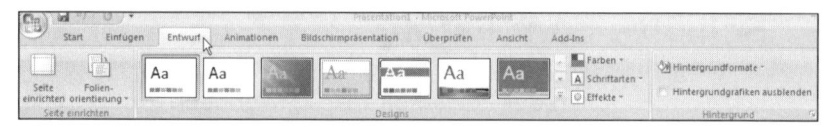

Abb. 3.1: Registerkarte *Entwurf*

Öffnen Sie die Registerkarte *Entwurf* per Mausklick. Wenn Sie den Mauszeiger auf eines der Vorschaubildchen für die Designs halten, sehen Sie das angewandte Design auf der Folie im Dokumentfenster. Sobald Sie mit der Maus auf eine Vorlage klicken, wird das Design auf die Präsentation übertragen.

Wenn Sie das Anwenden eines Designs wieder rückgängig machen wollen, klicken Sie auf den *Rückgängig*-Pfeil in der Schnellzugriffsleiste.

Sehen Sie sich auf diese Art verschiedene Designvorlagen an. Solche Vorlagen bestehen aus grafischen Elementen für den Hintergrund, definierten Schriftarten, Schriftfarben und -größen sowie einer bestimmten Anordnung von Titel- und sonstigen Textfeldern.

Das Erscheinungsbild der Designvorlagen können Sie über die Listenfelder *Farben*, *Schriftarten* und *Effekte* modifizieren:

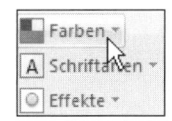

Abb. 3.2: Designvorlagen modifizieren

Im Listenfeld *Farben* finden sich vordefinierte Farbschemas, die konsistente Auswirkungen auf das Erscheinungsbild Ihrer Präsentation haben. Sie können diese Farbschemas durch Mausklick auf die gewünschte Farbgruppe auswählen oder unter der Option *Neue Designfarben erstellen* Ihr eigenes Farbschema zusammenstellen.

Unter dem Listenfeld *Schriftarten* finden Sie Schriftenpaare für Überschriften und normalen Text. Auch hier können Sie entweder eines der vordefinierten Schriftenpaare auswählen oder unter der Option *Neue Designschriftarten erstellen* Ihre eigene Zusammenstellung zweier Schriften eingeben.

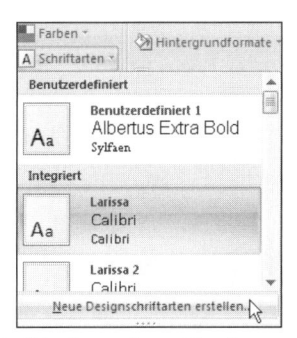

Abb. 3.3: Schriftarten einer Designvorlage ändern

Hintergrundformate

In der Aufgabengruppe *Hintergrund*, ebenfalls unter der Registerkarte *Entwurf* in der Multifunktionsleiste, befinden sich fertige Vorlagen für einen farbigen Hintergrund.

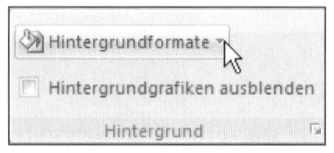

Abb. 3.4: Aufgabengruppe *Hintergrund*

Halten Sie den Mauszeiger auf die dort angezeigten Hintergrundvorschaubilder, um die Wirkung auf der Folie im Dokumentfenster zu sehen:

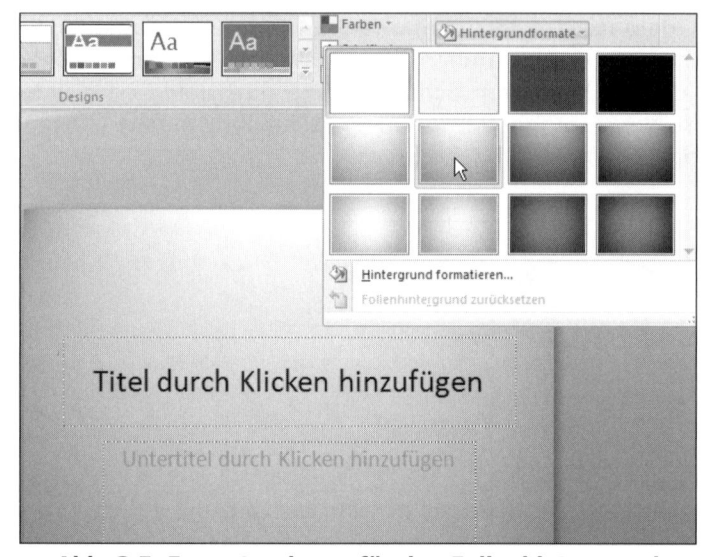

Abb. 3.5: Formatvorlagen für den Folienhintergrund

Auch in diesem Aufgabenbereich können Sie eigene Einstellungen vornehmen. Und so weisen Sie den Folien eine eigene Hintergrundfarbe zu: Klicken Sie über den kleinen Pfeil unten rechts in der Aufgabengruppe *Hintergrund* (siehe Abbildung 3.4) das Dialogfeld *Hintergrund formatieren* auf (siehe Abbildung 3.6).

Per Mausklick auf das Listenfeld *Farbe* und anschließende Auswahl einer Farbe weisen Sie dem Folienhintergrund Ihrer Präsentation die entsprechende Farbe zu.

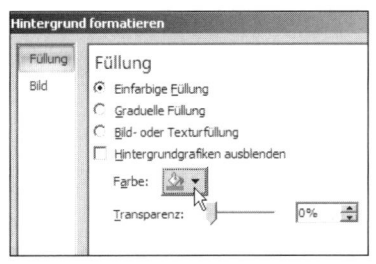

Abb. 3.6: Dialogfeld *Hintergrund formatieren*

Über das Feld *Graduelle Füllung* können unterschiedliche Farbverläufe mit bis zu 10 Farben generiert werden. Mithilfe des Feldes *Bild- oder Texturfüllung* lassen sich für den Hintergrund auch Bilder oder Texturen für den Folienhintergrund auswählen.

> **TIPP**
>
> Farbverläufe, die Sie unter dem Feld *Graduelle Füllung* eingeben, können sich auch vom Rand eines Platzhalters auf die Folie hin ausdehnen, wenn die Option *Schattierung des Titels* (im Listenfeld *Typ*) ausgewählt wird.

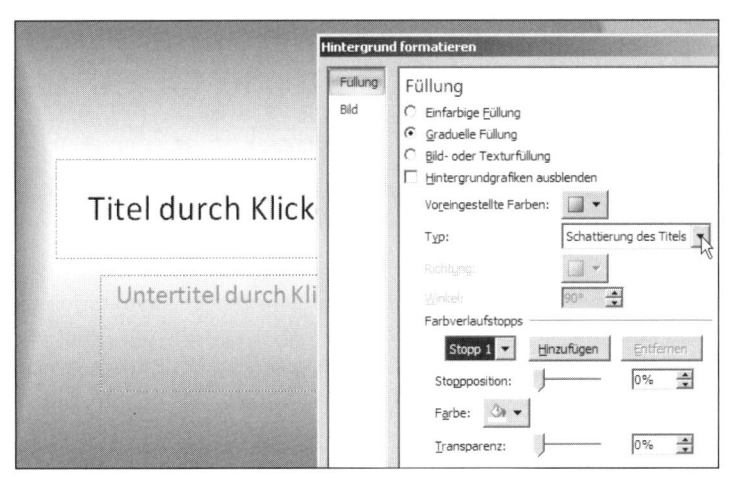

Abb. 3.7: Farbverläufe vom Titel-Platzhalter aus

Präsentationsvorlagen selbst erstellen

Text- und Textfelder formatieren

Textfelder gestalten

Die Registerkarte *Start* in der Multifunktionsleiste enthält unter den Aufgabengruppen *Schriftart*, *Absatz* und *Zeichnung* zahlreiche Formatierungsmöglichkeiten für Text- und Textfelder (siehe Abbildung 3.8). Sobald Text bzw. ein Textfeld auf der Folie aktiviert ist, haben Sie Zugriff auf diese Aufgabengruppen. Im Aufgabenbereich *Schriftart* können Sie markiertem Text beispielsweise eine neue Schriftart oder eine andere Farbe zuweisen. Per Mausklick auf das Schattierungssymbol erzeugen Sie einen Textschatten. Die meisten von Ihnen kennen diese Optionen bereits von ihrer Arbeit mit Word.

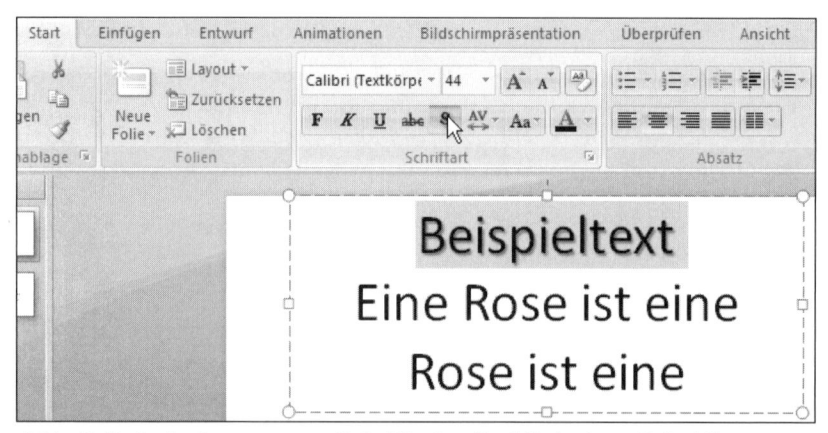

Abb. 3.8: Aufgabengruppe *Schriftart* mit aktiviertem Schattierungssymbol

Interessant können darüber hinaus die *Schnellformatvorlagen* in der Aufgabengruppe *Zeichnung* sein. Hier können Sie mit einem Mausklick auf die gewünschte Option gleichzeitig mehrere Formatierungsmerkmale auf ein Textfeld anwenden. Probieren Sie diese Möglichkeiten am besten selbst aus, indem Sie bei aktiviertem Textfeld den Mauszeiger auf die verschiedenen Schnellformatvorlagen halten:

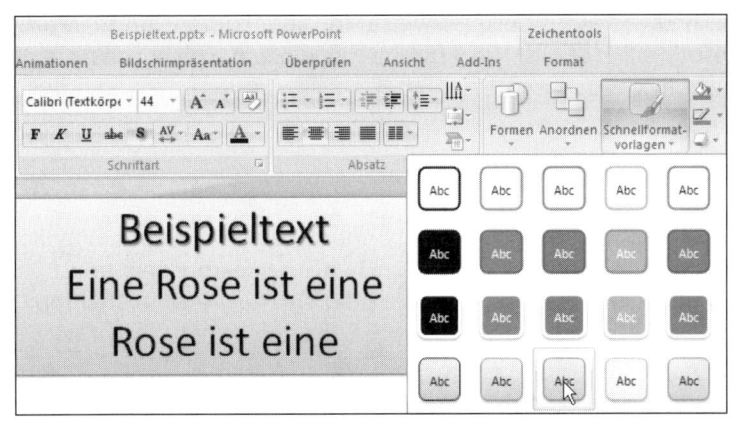

Abb. 3.9: Schnellformatvorlagen

Neben vielen weiteren Formatierungsmöglichkeiten in der Aufgabengruppe *Zeichnung* verbirgt sich hier auch die Möglichkeit, den Hintergrund eines Textfeldes (wie Folienhintergrund) zu formatieren: Klicken Sie über den kleinen, schräg nach unten zeigenden Pfeil das Dialogfeld *Form formatieren* auf und sehen Sie sich die Optionen an:

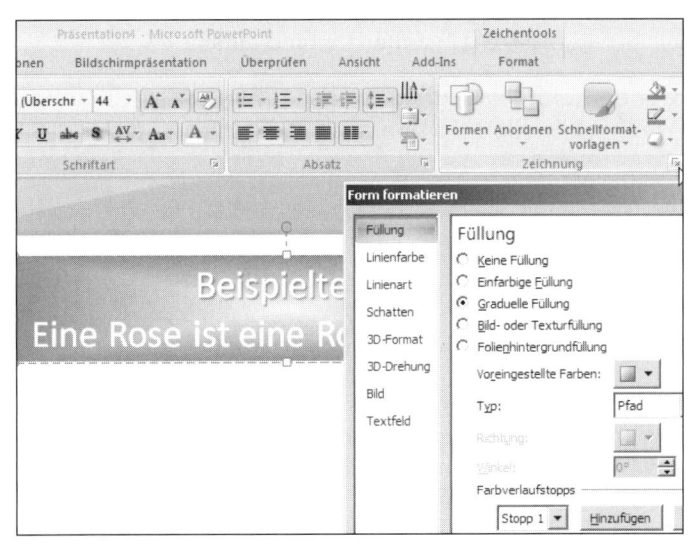

Abb. 3.10: Textfeld-Hintergrund formatieren

Präsentationsvorlagen selbst erstellen 51

Auch hier können beispielsweise farbige Hintergründe, Farbverläufe oder Bilder als Hintergrund (in diesem Fall für das Textfeld) eingestellt werden.

Text ausrichten

In der Aufgabengruppe *Absatz* können Sie mithilfe der in Abbildung 3.11 dargestellten Schaltflächen Text und Textabsätze *linksbündig*, *mittig*, *rechtsbündig*, im *Blocksatz* oder *spaltenweise* ausrichten:

Abb. 3.11: Schaltflächen zum Ausrichten von Text

Oberhalb dieser Schaltflächen in der Aufgabengruppe *Absatz* finden Sie auch die Schaltfläche zum Einstellen des Zeilenabstands und des Zeileneinzugs:

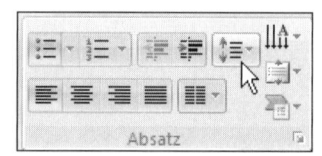

Abb. 3.12: Zeilenabstand einstellen

Ob Text innerhalb des Textfeldes oben, unten oder mittig angeordnet werden soll, stellen Sie über diese Schaltfläche ein:

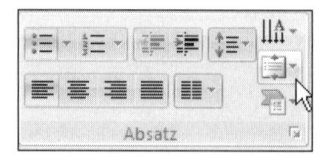

Abb. 3.13: Text innerhalb des Textfeldes ausrichten

Klicken Sie mit der Maus auf die weiteren Schaltflächen dieser Aufgabengruppe, sie sind weitestgehend selbsterklärend. Die Optionen zum Nummerieren und Aufzählen von Text kennen Sie ebenfalls von Ihrer Arbeit mit Word.

Weitere interessante Optionen zum Texthandling finden sich im Listenfeld *Text ausrichten* innerhalb der Aufgabengruppe *Absatz* unter der Schaltfläche *Weitere Optionen*.

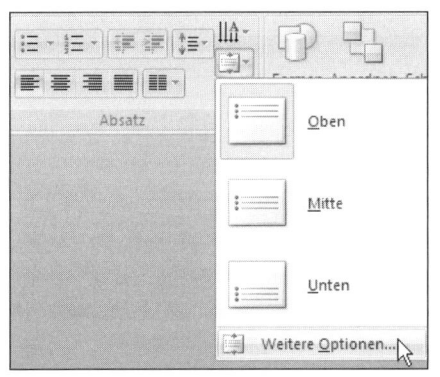

Abb. 3.14: Listenfeld *Text ausrichten* in der Aufgabengruppe *Absatz*

Hier können Sie u.a. festlegen, wie sich Ihr Text innerhalb des Textfeldes verhalten soll: Normalerweise wird Text der Größe des Textfeldes angepasst, damit er nicht über dessen Rand hinausläuft. Sie können jedoch durch Aktivierung des entsprechenden Feldes verhindern, dass dies passiert, wenn Ihr Text seine zuvor zugewiesene Größe behalten soll.

Und so funktioniert es: Klicken Sie mit der Maus auf *Weitere Optionen* (siehe Abbildung 3.14). Im Dialogfeld *Texteffekte formatieren*, das sich daraufhin öffnet, klicken Sie mit der Maus in das Feld *Größe nicht automatisch anpassen* (siehe Abbildung 3.15).

> **TIPP**
>
> Diese Option wird nicht auf vorformatierte Textplatzhalter angewendet. Hier wird die Textgröße in jedem Fall beibehalten.

Um ein Textfeld frei auf der Seite zu positionieren, ziehen Sie die Maus auf dessen Rand, bis aus dem Mauszeiger ein gekreuzter Doppelpfeil wird. Ziehen Sie das Textfeld dann mit gedrückter Maustaste an den Ort Ihrer Wahl (siehe Abbildung 3.16).

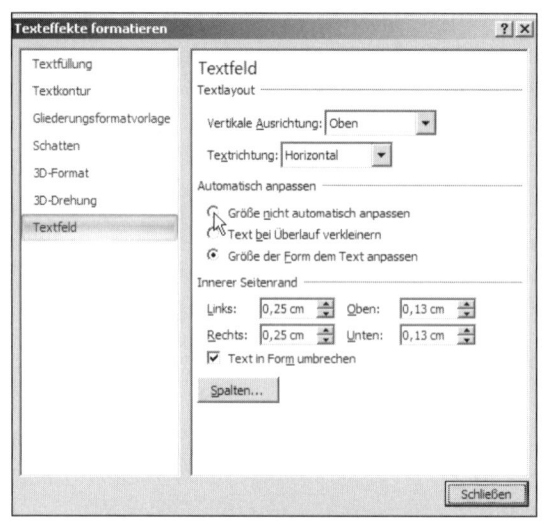

Abb. 3.15: Dialogfeld *Texteffekte formatieren*

Abb. 3.16: Textfelder frei positionieren

Die Ziehpunkte am Rand des Textfeldes dienen dazu, das Textfeld zu verbreitern, in der Höhe zu verändern oder durch Ziehen an einem der Eck-Ziehpunkte mit gedrückter ⇧-Taste das gesamte Feld unter Beibehaltung seiner Proportionen zu vergrößern bzw. zu verkleinern.

Um Textfeldern eine fixe Position auf der Folie mit genauen Angaben (z.B. des Abstandes zum Folienrand) zuzuweisen, gehen Sie folgenden Weg:

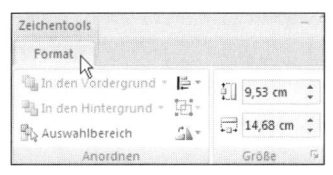

Abb. 3.17: Hinweis *Zeichentools* mit Registerkarte *Format*

Bei aktivierter Textbox erscheint oberhalb der Multifunktionsleiste der Hinweis *Zeichentools* mit der Registerkarte *Format*. Dort können Sie im Aufgabenbereich *Größe* die exakte Höhe und Breite der Textbox in Zentimetern eingeben. Außerdem befindet sich hinter dem kleinen, schräg nach unten zeigenden Pfeil das Dialogfeld *Größe und Position,* wo Sie unter der Option *Position* den horizontalen und vertikalen Abstand der Textbox vom oberen linken Folienrand bestimmen können.

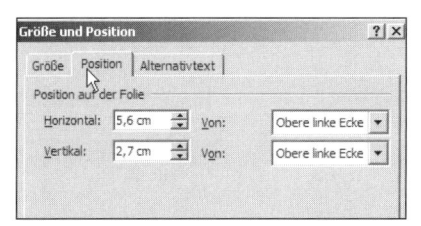

Abb. 3.18: Dialogfeld *Größe und Position*

Schließlich gibt es auch noch die *WordArt-Formate*, ebenfalls verfügbar in der *Format*-Registerkarte unter dem Hinweis *Zeichentools* (siehe Abbildung 3.19).

Die *WordArt-Formate* sind Designvorlagen für Text, bei denen die Buchstaben immer einen Füllbereich enthalten, der entweder mit Farbe oder auch mit Bildern ausgefüllt werden kann. Halten Sie den Mauszeiger auf die verschiedenen Varianten (zu sehen in Form des Buchstaben A), um den Effekt auf einem vorher von Ihnen markierten Text zu sehen. Sie können über diesen Aufgabenbereich außerdem die Konturen der Buchstaben ändern und ihnen Effekte wie Spiegelungen, dreidimensionale Drehungen oder Schrägstellungen zuweisen. Abbildung 3.20 zeigt ein Beispiel für einen gespiegelten Text.

Abb. 3.19: WordArt-Formate

Abb. 3.20: Text spiegeln

Unter der *Format*-Registerkarte klicken Sie das Listenfeld *Texteffekte* auf und halten unter der Option *Spiegelung* den Mauszeiger auf eine der *Spiegelungsvarianten*, um den Effekt auf markiertem Text wie in Abbildung 3.20 zu sehen.

> **TIPP**
>
> Jede Formatierung, die Sie per Mausklick auf das entsprechende Vorschaubild vorgenommen haben, können Sie über die *Rückgängig*-Taste in der Schnellzugriffsleiste (links oberhalb der Multifunktionsleiste) unmittelbar nach der Formatierung wieder rückgängig machen.

Folienmaster einrichten

Sie lernen in diesem Abschnitt, wie Sie *Folienmaster* für Ihre Präsentationen einrichten. Ihre Aufgabe ist es, den Folienmaster, den Sie in Kapitel 2 zur Erstellung der Reiseangebote genutzt haben, selbst zu erstellen. Hier sehen Sie zur Orientierung die bereits fertige Vorlage, die es nun zu erstellen gilt:

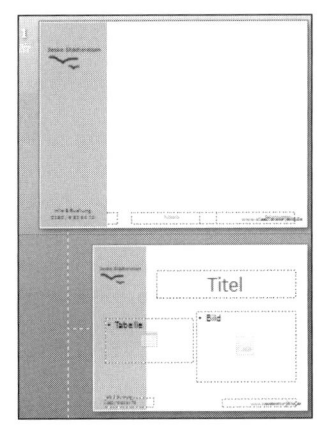

Abb. 3.21: Folienmaster für die Reiseangebote aus Kapitel 2

Starten Sie zunächst eine neue Präsentation wie folgt:

⇨ Klicken Sie mit der Maustaste auf die *Office*-Schaltfläche.

⇨ Wählen Sie die Option *Neu* und im Dialogfeld *Neue Präsentation* die Option *Leere Präsentation* aus. Klicken Sie anschließend auf die Schaltfläche *Erstellen* unten rechts im Dialogfeld.

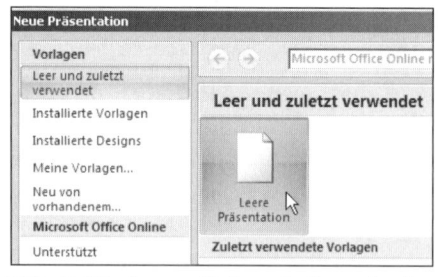

Abb. 3.22: Leere Präsentation starten

Auch wenn Sie wie hier nicht auf eine der PowerPoint-Designvorlagen zurückgreifen und eine neue leere Präsentation starten, ist im Hintergrund bereits ein so genannter Folienmaster verfügbar. In diesem Master können alle Elemente platziert und definiert werden, die auf mehreren Folien identisch benötigt werden, wie z.B.:

⇨ Firmenlogo

⇨ Platzhalter für Texte und Bilder

⇨ Position und Formatierung von Seitenzahl, Kopf- und Fußzeile

⇨ Hintergrunddesign

⇨ Farbschemas

TIPP

Für Folien in Ihrer Präsentation, die auf einer hiervon abweichenden Vorlage basieren sollen, können Sie innerhalb derselben Präsentation weitere Folienmaster einrichten.

Klicken Sie nun in der (zuvor durch Mausklick aktivierten) Registerkarte *Ansicht* auf die Schaltfläche *Folienmaster*. Der Folienmaster, den Sie nun sehen, enthält noch kein Hintergrund- oder Farbdesign, aber bereits eine Auswahl verschiedener Seitenlayouts, die Sie verwenden und/oder Ihren Bedürfnissen entsprechend anpassen können. Alle Änderungen, die Sie auf der Masterseite vornehmen, werden auch auf die Layoutseiten unterhalb des Folienmasters übertragen.

Fügen Sie zuerst die Grafik mit dem Firmenlogo am linken Seitenrand der Folie ein:

Die Masterfolie (1. Seite in der Folienvorschau) muss aktiviert und im Dokumentfenster zu sehen sein.

Klicken Sie unter der Registerkarte *Einfügen* auf die Schaltfläche *Grafik* und wählen Sie die Grafik *Logo und Hintergrund.png* per Doppelklick von der Buch-CD aus.

Abb. 3.23: Grafik einfügen

Die Größe der Grafik ist möglicherweise noch nicht ganz passend. Überprüfen und korrigieren Sie die Bildgröße, indem Sie (bei aktivierter Grafik) auf die Registerkarte *Format* unter dem Hinweis *Bildtools* klicken und dort über den kleinen, schräg nach unten gerichteten Pfeil (dieses Mal in der Aufgabengruppe *Schriftgrad*) das Dialogfeld *Größe und Position* öffnen. Unter der Option *Größe* geben Sie unterhalb des Befehls *Skalieren* jeweils 100% für Höhe und Breite der Grafik ein, bevor Sie auf *Schließen* klicken.

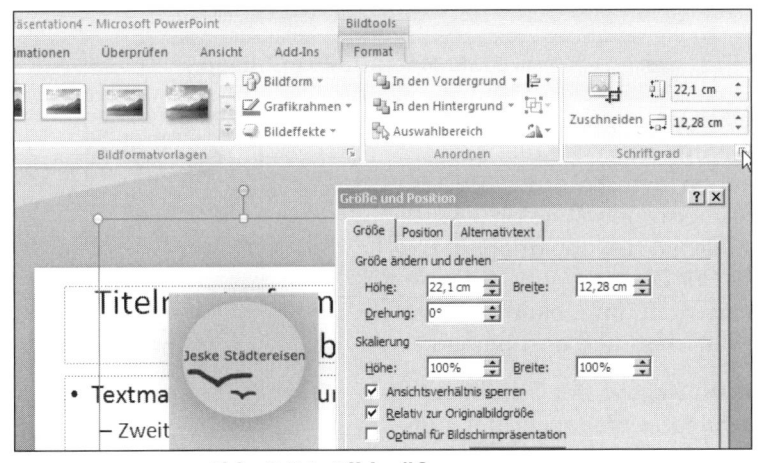

Abb. 3.24: Bildgröße anpassen

Positionieren Sie die Grafik, indem Sie sie mit den Pfeiltasten Ihrer Tastatur schrittweise nach links und nach oben verschieben, bis sie exakt mit der Folie abschließt.

> **TIPP**
>
> Kleinere Positionierungsschritte erreichen Sie, wenn Sie gleichzeitig mit den Pfeiltasten die ⌊Strg⌋-Taste gedrückt halten.

Die Masterfolie sieht jetzt so aus:

Abb. 3.25: Masterfolie mit Logo

Wie Sie sehen, wurde diese Formatierung auch auf alle Layoutvorlagen unterhalb der Masterfolie übertragen. Wählen Sie nun aus diesen Layoutvorlagen die Folie *Nur Titel* per Mausklick aus, um sie dann im Dokumentfenster wunschgemäß anzupassen.

Klicken Sie auf die Schaltfläche *Platzhalter einfügen* in der Aufgabengruppe *Masterlayout* und wählen Sie die Option *Bild* per Mausklick aus.

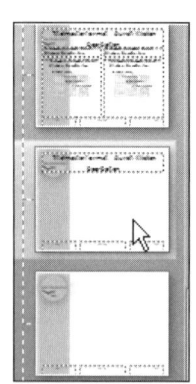

Abb. 3.26: Auswahl des Layouts *NurTitel*

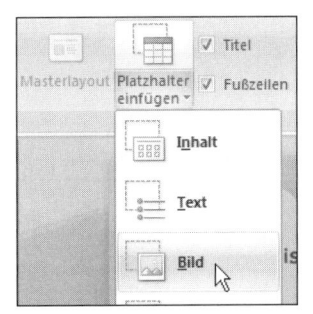

Abb. 3.27: Platzhalter für Text einfügen

Der Mauszeiger hat sich nun in ein Kreuz verwandelt. Ziehen Sie bei gedrückter Maustaste im rechten Folienbereich unterhalb des Titelplatzhalters ein Rechteck auf.

Klicken Sie nochmals auf die Schaltfläche *Platzhalter einfügen* und wählen Sie die Option *Tabelle* aus. Ziehen Sie das Rechteck für den Tabellenplatzhalter im linken Folienbereich auf. Die Folie sollte nun in etwa so aussehen:

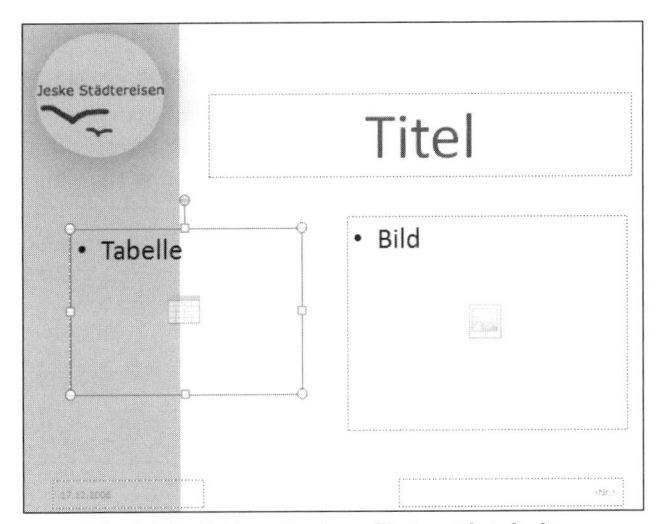

Abb. 3.28: Folie mit eingefügten Platzhaltern

Sie können jetzt den Titelplatzhalter noch ein wenig anpassen, indem Sie den linken Ziehpunkt des Rahmens bei gedrückter Maus-

Präsentationsvorlagen selbst erstellen

taste ein wenig nach links ziehen, bis er mittig über dem weißen Bereich der Folie platziert ist.

> Titelmasterformat durch
> Klicken bearbeiten

Abb. 3.29: Textplatzhalter anpassen

Es fehlen dem Folienmaster jetzt nur noch zwei Textelemente, die im unteren Bereich der Präsentation auf jeder Folie zu sehen sein sollen:

Info & Buchung :
0180 / 9 82 34 76

www.staedtereise-jeske.de

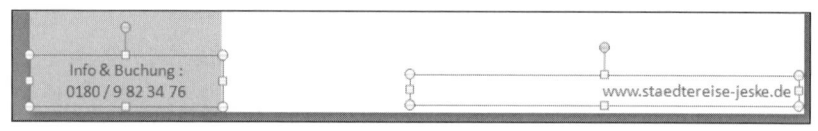

Abb. 3.30: Konsistente Textfelder auf Folienmaster

Klicken Sie wieder auf den Folienmaster (1. Seite in der Folienvorschau) und fügen Sie zwei Textfelder am unteren Rand wie folgt ein:

Klicken Sie unter der Registerkarte *Einfügen* auf die Option *Textfeld* (siehe Abbildung 3.31) und ziehen Sie bei gedrückter Maustaste ein Textfeld am linken unteren Rand der Folie auf. Wiederholen Sie den Vorgang und ziehen Sie ein zweites Textfeld am rechten unteren Rand der Folie auf. Schreiben Sie in das linke Textfeld: `Info & Buchung` und darunter irgendeine Telefonnummer und schreiben Sie in das rechte Textfeld die fiktive Internetadresse des Reisebüros: `www.staedtereise-jeske.de`.

Abb. 3.31: Textfeld einfügen

Über die Registerkarte *Ansicht* und die Schaltfläche *Normal* kehren Sie vom Folienmaster zurück zur Normalansicht und können das Ergebnis begutachten.

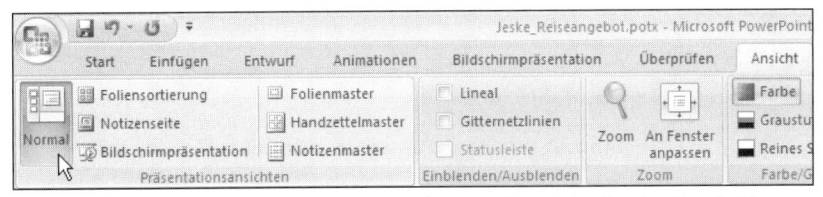

Abb. 3.32: Schaltfläche *Normal* unter Registerkarte *Ansicht*

Das von Ihnen erstellte Layout ist nun Bestandteil der für diese Präsentation verfügbaren Layoutvorlagen. Sie können dies per Mausklick auf die Schaltfläche *Layout* überprüfen:

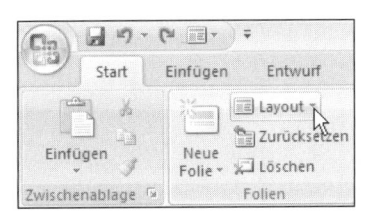

Abb. 3.33: Verfügbare Layoutvorlagen ansehen

Speichern Sie die Präsentation im Dateiformat für Präsentationsvorlagen wie folgt ab:

➪ Klicken Sie auf die *Office*-Schaltfläche.

➪ Halten Sie dort den Mauszeiger auf die Option *Speichern unter*

➪ und wählen Sie die Option *Andere Formate* aus.

➪ Geben Sie unter *Dateiname:* `Jeske-Reiseangebot` ein und wählen Sie im Listenfeld *Dateityp* das Dateiformat *PowerPoint-Vorlage (*.potx)* aus (siehe Abbildung 3.34).

Die Dateiendung *.potx* bedeutet, dass Sie eine Vorlage speichern, auf die Sie später für weitere Präsentationen zurückgreifen können.

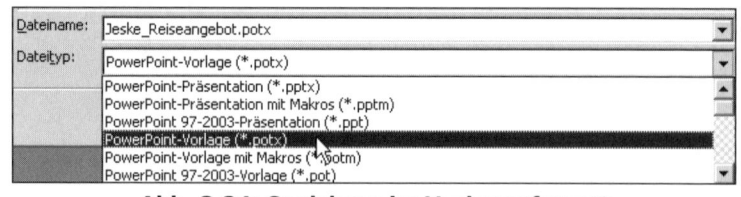

Dateiname:	Jeske_Reiseangebot.potx
Dateityp:	PowerPoint-Vorlage (*.potx)
	PowerPoint-Präsentation (*.pptx)
	PowerPoint-Präsentation mit Makros (*.pptm)
	PowerPoint 97-2003-Präsentation (*.ppt)
	PowerPoint-Vorlage (*.potx)
	PowerPoint-Vorlage mit Makros (*.potm)
	PowerPoint 97-2003-Vorlage (*.pot)

Abb. 3.34: Speichern im Vorlagenformat

4 Hilfsmittel für Ihre Präsentationen

Ziel des Kapitels

⇨ Begleitmaterial und andere Hilfsmittel für Ihre Vorträge erstellen

Schritte zum Erfolg

⇨ Arbeiten in der Gliederungsansicht
⇨ Notizen hinzufügen
⇨ Handzettel drucken

Die Erstellung einer PowerPoint-Präsentation kann gleichzeitig für die Ausfertigung gut strukturierter Unterlagen genutzt werden, die nur für Sie persönlich gedacht sind, damit Sie sich während eines Vortrags nicht verzetteln.

Für Ihr Publikum kann es hilfreich sein, wenn es sich während des Vortrags Notizen machen und/oder später auf Papierausdrucke der Präsentation zurückgreifen kann.

Selbstverständlich können Sie für solche Zwecke die Präsentation einfach so ausdrucken, wie Sie sie vorführen; mit den Hilfsmitteln in PowerPoint lässt sich derartiges Begleitmaterial jedoch auch differenzierter gestalten.

Die Gliederungsansicht

Um die Gliederungsansicht zu sehen, klicken Sie unter der Registerkarte *Ansicht* in der Aufgabengruppe *Präsentationsansichten* auf die Schaltfläche *Normal*. Klicken Sie anschließend im Vorschaufenster am linken Bildschirmrand auf die Registerkarte *Gliederung* neben der Folienvorschau:

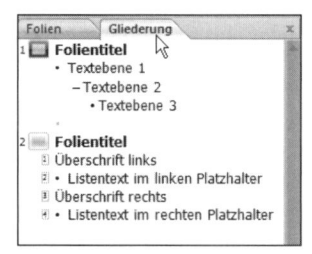

Abb. 4.1: Gliederungsansicht

Die Gliederungsansicht zeigt Ihnen die Textebenen Ihrer Präsentation auf einen Blick und erlaubt schnelle Änderungen und Navigation durch die einzelnen Folien.

Ein kleines Symbol zeigt linksseitig jeweils zusammen mit der Foliennummer die Folien an, rechts daneben stehen die gegliederten Folientexte. Haben Sie ein Folienlayout mit mehreren Textplatzhaltern ausgewählt, werden diese außerdem in der Gliederungsansicht durchnummeriert.

> **TIPP**
>
> Manuell auf den Folien eingefügte Textfelder erscheinen nicht in der Gliederung.

Vorteile der Gliederungsansicht auf einen Blick:

⇨ Sie haben einen guten Gesamtüberblick über Textinhalte und Struktur Ihrer Präsentation.

⇨ Änderungen der Reihenfolge bei Aufzählungen können deutlich schneller und einfacher vorgenommen werden.

⇨ Änderungen in der Hierarchie der Textebenen können einfacher und übersichtlicher vorgenommen werden.

Arbeiten in der Gliederungsansicht

Vermutlich kennen Sie die Situation, dass sich hinsichtlich der ursprünglich festgelegten Struktur eines Vortrags während der Umsetzungsphase doch noch Änderungen ergeben. In einem solchen Fall können Sie z.B. die Textebenen in der Gliederungsansicht auf einfache Weise höher oder tiefer stufen.

In der Aufgabengruppe *Absatz* unter der Registerkarte *Start* befinden sich die beiden Symbole für das Höher- oder Tieferstufen einer Textebene:

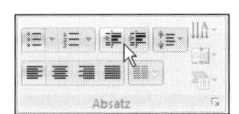

Abb. 4.2: Gliederungsebene verändern

Um die Texthierarchie in der Gliederungsansicht zu verändern, klicken Sie mit der Maus auf die entsprechende Textzeile und klicken Sie auf eine der beiden oben gezeigten Schaltflächen. Um Text mehrere Ebenen höher oder tiefer zu stufen, klicken Sie so oft auf die Schaltfläche, bis der Text sich auf der gewünschten Ebene befindet. (Diese Schaltflächen können Sie natürlich auch innerhalb Ihrer Folien für Text in den Textfeldern nutzen.)

> **TIPP**
>
> Alternativ können Sie in der Gliederungsansicht auch die Tastenkombinationen ⇥ (höher stufen) und ⇧ + ⇥ (tiefer stufen) verwenden.

Um die Reihenfolge innerhalb von Listen/Aufzählungen zu verändern, gehen Sie wie folgt vor:

▷ Klicken Sie mit der *rechten* Maustaste innerhalb der Gliederungsansicht auf den Aufzählungstext, den Sie nach oben oder nach unten verschieben möchten.

▷ Sie öffnen über die rechte Maustaste ein so genanntes *Kontextmenü*, in dem sich auch die beiden Schaltflächen für das Verschieben nach oben oder nach unten befinden.

Abb. 4.3: Aufzählungstext höher stufen

Sie können natürlich auch ganze Abschnitte, z.B. einen Punkt inkl. seiner Unterpunkte, neu einstufen oder an anderer Stelle in Ihrer Präsentation platzieren. Dafür ziehen Sie die Maus links neben die höchste Ebene des Abschnitts, den Sie verschieben möchten, bis sich der Mauszeiger in einen gekreuzten Doppelpfeil verwandelt. Dann markieren Sie den Abschnitt per Mausklick und ziehen ihn bei gedrückter Maustaste an die gewünschte Stelle in der Gliederungsansicht.

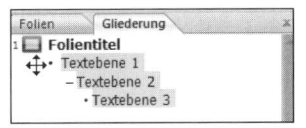

Abb. 4.4: Gliederungsabschnitt markieren

> **TIPP** ⚠
>
> Über das Kontextmenü können Sie bei Bedarf über das Symbol *Textformatierung anzeigen* sogar die Textformatierung in der Gliederungsansicht sehen.

Ebenen ein-/ausblenden

Insbesondere beim Verschieben von Text kann es im Sinne einer besseren Übersicht hilfreich sein, die Anzeige der Ebenen zu reduzieren. Zum Ein- bzw. Ausblenden von Ebenen gibt es mehrere Möglichkeiten:

⇨ Doppelklick auf das kleine Foliensymbol am linken Rand der Gliederungsansicht

⇨ Auswahl der Option Plus (+) oder Minus (-) im Kontextmenü:

⇨ Verwendung einer der beiden Tastenkombinationen:
  ⇨ Erweitern von Text unterhalb einer Überschrift: [Alt]+[⇧]+[+]
  ⇨ Reduzieren von Text unterhalb einer Überschrift: [Alt]+[⇧]+[-]

Gliederung für Webpräsentation

Bei einer PowerPoint-Präsentation, die zur Ansicht im Inter- oder in einem Intranet veröffentlicht wird, fungieren die in der Gliederungsansicht sichtbaren Überschriften als Inhaltsverzeichnis, das auf der Webseite in einem separaten Navigationsframe angezeigt wird und mit dessen Hilfe der Besucher durch die Webpräsentation navigieren kann.

Importieren von Gliederungen

Um eine Präsentation auf der Basis eines Textdokuments zu erstellen, welches sich außerhalb von PowerPoint befindet,

⇨ öffnen Sie zuerst eine neue Präsentation in PowerPoint,

⇨ klicken Sie dann unter der Registerkarte *Start* das Listenfeld *Neue Folie* auf,

Abb. 4.5: Gliederungen importieren

⇨ wählen Sie danach die Option *Folien aus Gliederung* per Mausklick aus

⇨ und wählen Sie anschließend aus Ihrem Datei-Manager das gewünschte Dokument aus.

Auf diese Weise lässt sich beispielsweise aus der bereits vorhandenen Gliederung in einem Word-Dokument schnell ein Skelett für Ihre Präsentation herstellen. PowerPoint übernimmt beim Import die Gliederungsstruktur des Ausgangsdokuments. Überschriften der ersten Ebene werden Folientitel, weitere Überschriften und normaler Text werden in entsprechenden Unter-ebenen dargestellt.

Notizen

Jeder Folie können persönliche *Notizen* hinzugefügt werden. Diese Notizen sind dabei zunächst für den Vortragenden gedacht und erscheinen z.B. nicht während einer Bildschirmpräsentation. Sie können sich die so genannten *Notizenseiten* später ausdrucken und bei Ihrem Vortrag zur Unterstützung während der Bildschirmpräsentation nutzen.

Schreiben Sie Ihre Notizen in das Notizenfenster am unteren Bildrand.

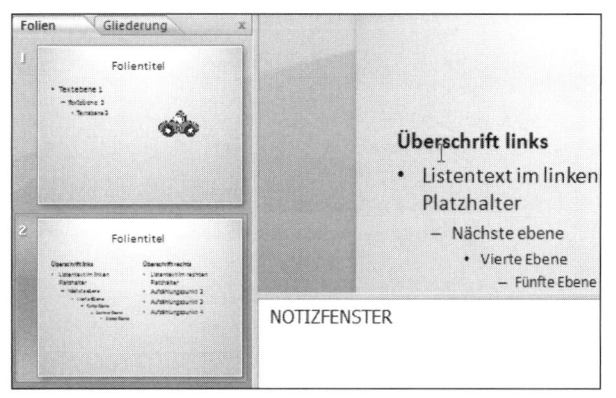

Abb. 4.6: Notizfenster

Formatieren der Notizen

Sie können Text im Notizfenster ebenso formatieren wie auf der eigentlichen Folie, müssen jedoch zur Ansicht *Notizenseite* wechseln, um die Formatierungen sehen zu können. (Dorthin gelangen Sie über die Registerkarte *Ansicht*, per Mausklick auf die Schaltfläche *Notizenseite* in der Aufgabengruppe *Präsentationsansichten*.)

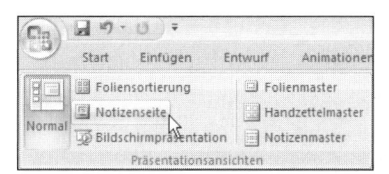

Abb. 4.7: Wechseln zur Ansicht *Notizenseite*

Und so sehen die Notizenseiten in der Standardeinstellung aus: Pro Seite sehen Sie eine Folie, unter der sich Ihre Notizen befinden (siehe Abbildung 4.8)

Wenn Sie sich in der Ansicht *Notizenseite* befinden, können Sie dem Notizbereich über die Registerkarte *Einfügen* auch Elemente wie Bilder, Diagramme oder Tabellen hinzufügen. (Dies funktioniert nicht in der Normalansicht.) Über den *Notizenmaster* können Sie das Aussehen der Notizenseiten modifizieren. (Registerkarte *Ansicht*, Aufgabengruppe *Präsentationsansichten*, Schaltfläche *Notizenmaster*.)

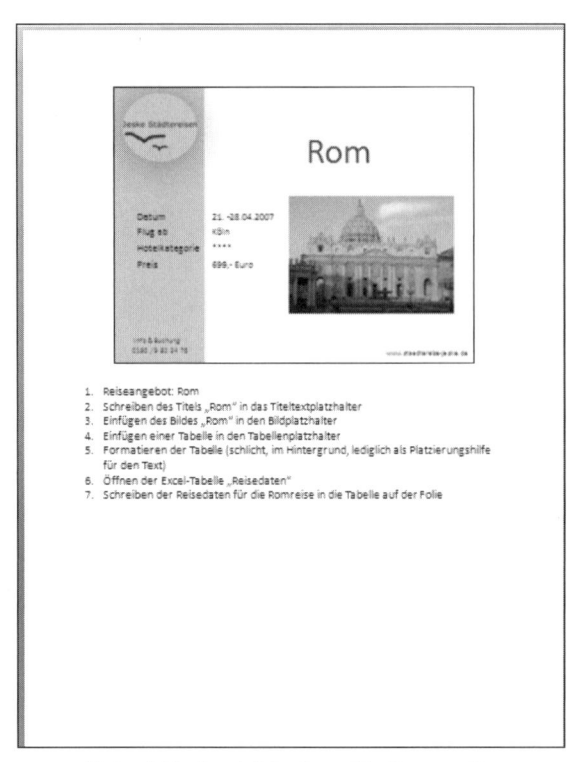

Abb. 4.8: Ansicht einer Notizenseite

Notizen in der Webpräsentation

Von Ihnen hinzugefügte Notizen erscheinen automatisch auch in einer Webpräsentation, sofern Sie sie nicht ausblenden.

> **TIPP**
>
> Mehr zum Ausblenden der Notizen bei der Internetpräsentation erfahren Sie in Kapitel 11 »Internetpräsentation«.

Sie können diese Notizen daher auch verwenden, um dem Publikum einer Webpräsentation Hinweise oder Hintergrundinformationen zu geben, die Sie bei einem Folienvortrag live sprechen würden.

Handzettel

Wenn Sie dem Publikum Ihrer Präsentation Begleitmaterial zukommen lassen möchten, können Sie so genannte *Handzettel* zur Präsentation ausdrucken. Für diese Handzettel gibt es verschiedene Layoutmöglichkeiten. Über die *Office*-Schaltfläche gelangen Sie zum Listenfeld *Drucken* und von dort zur Option *Seitenansicht*:

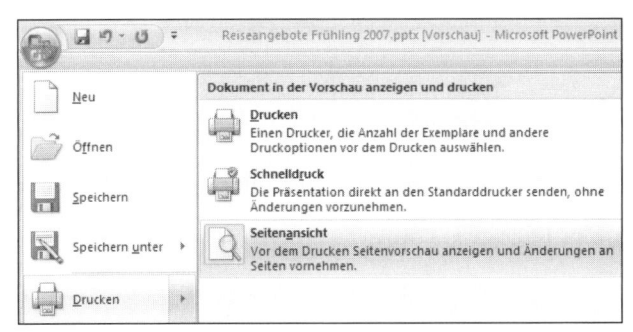

Abb. 4.9: Seitenansicht vor dem Druck

Im Listenfeld unter *Druckbereich* können Sie zwischen sechs verschiedenen Layouts für Ihre Handzettel wählen. Bei der Auswahl von *3 Folien pro Seite* werden neben den Folien Linien eingefügt (wie in Abbildung 4.10), damit sich das Publikum Notizen zu den einzelnen Folien machen kann.

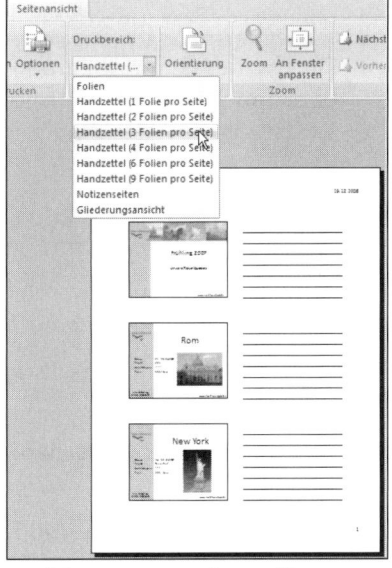

Abb. 4.10: Handzettelformat auswählen

Hilfsmittel für Ihre Präsentationen

Notizenmaster und Handzettelmaster

Auch für die Notizenseiten und Handzettel ist im Hintergrund jeweils ein Master verfügbar, über den Sie alle Änderungen vornehmen sollten, die identisch auf mehreren bzw. allen Seiten der Notizenseiten oder Handzettel erscheinen.

Über die Aufgabengruppe *Präsentationsansichten* unter der Registerkarte *Ansicht* gelangen Sie zu den unterschiedlichen Mastern:

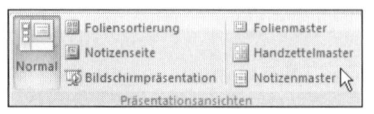

Abb. 4.11: Schaltflächen für *Handzettel-* und *Notizenmaster*

Sie können in beiden Mastern:

⇨ Elemente wie Bilder, Tabellen und Grafiken einfügen,

⇨ die Größe und Position der enthaltenen Platzhalter (z.B. für Kopf- und Fußzeile oder Seitenzahl) ändern,

⇨ alle Platzhalter (und deren Inhalte) ein- oder ausblenden,

⇨ Platzhaltertext formatieren (z.B. Schriftart und -farbe verändern, aber auch WordArt-Formate bzw. alle sonstigen Textgestaltungsmöglichkeiten verwenden, die PowerPoint bietet).

Drucken

Über den Menübefehl *Drucken/Seitenansicht* (siehe Abbildung 4.9) sehen Sie eine Druckvorschau Ihrer Präsentation.

Hier können noch folgende Dinge eingestellt werden, bevor Sie den Druck endgültig starten:

⇨ Was soll gedruckt werden (Folien, Handzettel, Notizenseiten, Gliederung)?

⇨ Änderungen an Kopf- und Fußzeilen, Ein- oder Ausblenden von Elementen wie Kopf- und Fußzeilen, Seitenzahlen

- ⇨ Beim Drucken von Handzetteln: Eines von sechs Layouts auswählen
- ⇨ Auswahl von Hoch- oder Querformat für die Folien
- ⇨ Auswahl zwischen Schwarzweiß-, Graustufen- oder Farbdruck

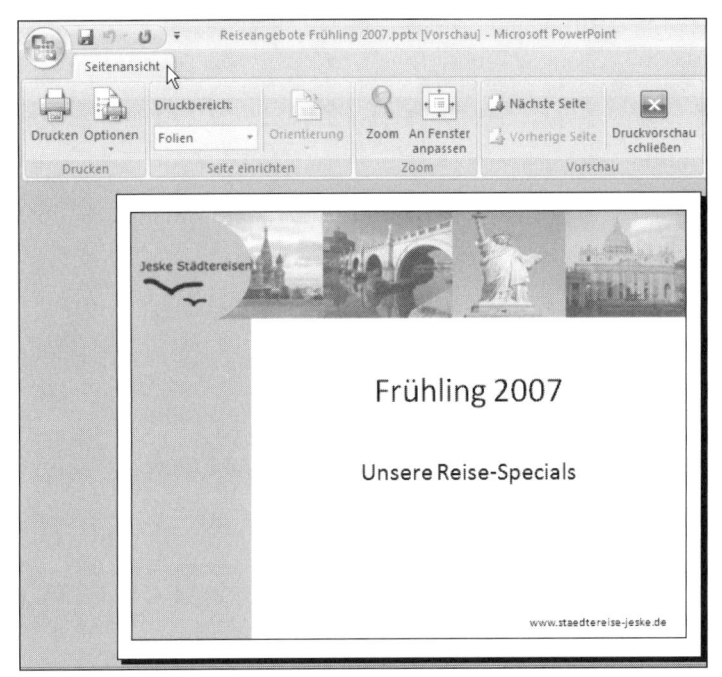

Abb. 4.12: Druckvorschau

Besonderheiten bei der Farbausgabe

Bei den Einstellungsmöglichkeiten unter der Schaltfläche *Optionen/ Farbe/Graustufe* in der Seitenansicht ist zu beachten, dass diese Optionen jeweils unterschiedliche Auswirkungen auf die Farben der verschiedenen Präsentationselemente haben können.

Wenn Sie die Folien mit der Option *Farbe* auf einem Farbdrucker ausdrucken, werden die Farbinformationen der Folien beibehalten.

Die Druckoptionen *Graustufe* und *Reines Schwarzweiß* jedoch wirken sich wie folgt auf die einzelnen Elemente der Präsentation aus:

Art des Elements	Druck als *Graustufe*	Druck als *Reines Schwarzweiß*
Text	Schwarz	Schwarz
Textschatten	Graustufe	Kein Ausdruck
Relief	Graustufe	Kein Ausdruck
Füllbereiche	Graustufe	Weiß
Rahmen	Schwarz	Schwarz
Musterfüllbereiche	Graustufe	Weiß
Linien	Schwarz	Schwarz
Objekt-Schatten	Graustufe	Schwarz
Bitmaps	Graustufe	Graustufe
ClipArt	Graustufe	Graustufe
Folienhintergründe	Weiß	Weiß
Diagramme	Graustufe	Graustufe

5 Formen

Ziel des Kapitels

⇨ Verwenden von Formen innerhalb der Präsentation

Schritte zum Erfolg

⇨ Kennenlernen der Formen
⇨ Formen zeichnen und bearbeiten
⇨ Formenkategorien
⇨ Interaktive Schaltflächen

Zu den Elementen, die Sie auf einer Folie einfügen können, zählen auch die *Formen*. Unter der Registerkarte *Einfügen* unter der Schaltfläche *Formen* in der Aufgabengruppe *Illustrationen* sehen Sie verschiedene Formenkategorien wie *Linien*, *Rechtecke* und *Standardformen*:

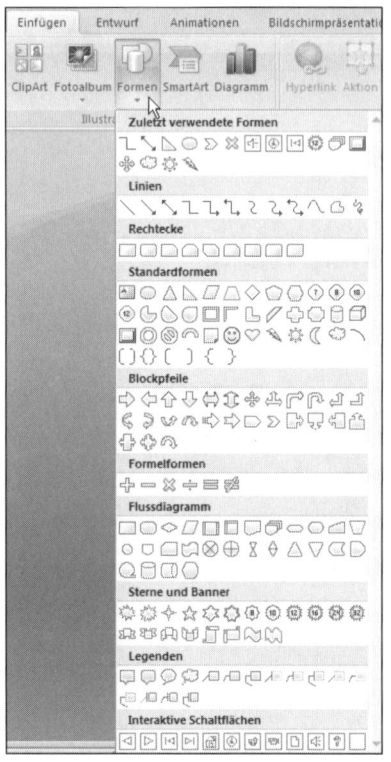

Abb. 5.1: Formen

Die Formen können auf unterschiedliche Art in einer Präsentation genutzt werden:

⇨ Unter der Kategorie *Linien* können Sie Linien mit und ohne Pfeilspitzen ziehen sowie Freihandzeichnungen erstellen. Die Linien sind zugleich Verbindungslinien, über die Objekte (z.B. die Formen eines Flussdiagramms) fest miteinander verbunden werden können.

- ⇨ Unter *Standardformen* wählen Sie gebräuchliche Formen wie Kreise, Ovale oder Vierecke aus, die Sie auf der Folie platzieren möchten.
- ⇨ Die *Blockpfeile* lassen sich als Richtungspfeile einsetzen.
- ⇨ In der Kategorie *Flussdiagramm* finden Sie Symbole zur grafischen Darstellung von Abläufen.
- ⇨ Die *Sterne & Banner* eignen sich z.B. für Aufzählungen oder Überschriften.
- ⇨ Mit den *Legenden* können Sie den Elementen einer Folie Kommentare hinzufügen.
- ⇨ Die *Interaktiven Schaltflächen* sind die Steuerelemente, die Sie einer Präsentation hinzufügen können, um die Navigation zu erleichtern.

Formen einfügen

All diese Formen können Sie folgendermaßen auf einer Folie platzieren:

- ⇨ Klicken Sie mit der Maus auf die Schaltfläche *Formen* unter der Registerkarte *Einfügen* (siehe Abbildung 5.1).
- ⇨ Wählen Sie eine beliebige Form per Mausklick aus und ziehen Sie sie bei gedrückter Maustaste bis zur gewünschten Größe in der Folie auf.

TIPP

Eine Form, deren Höhe und Breite genau gleich ist, erhalten Sie, wenn Sie beim Aufziehen der Form die ⇧-Taste gedrückt halten. Bei vorheriger Auswahl eines Vierecks erhalten Sie so z.B. ein Quadrat und bei Auswahl einer Ellipse einen Kreis.

Die so erstellte Form ist zunächst mit einer Standardfarbe gefüllt. Wie Sie das und mehr ändern können, erfahren Sie im folgenden Abschnitt.

Formen bearbeiten

Auf die Formen in PowerPoint können die gleichen umfangreichen Gestaltungsoptionen angewendet werden wie auf alle anderen Elemente einer Präsentation. Insbesondere sind dies:

⇨ Verändern der Formkontur (in Farbe und Stärke)

⇨ Veränderung der Füllung (z.B. durch Einfügen eines Fotos)

⇨ Anwenden eines Effekts (z.B. durch Hinzufügen eines 3D-Effekts)

Wie einfach das ist, erfahren Sie in Kürze; sehen Sie zuerst, wie Sie Größe und Proportionen einer Form verändern können.

Größe und Proportionen bestimmen

Platzieren Sie eine Form wie folgt auf der Folie:

Öffnen Sie über die Registerkarte *Einfügen* und die Schaltfläche *Formen* das Auswahlfenster für die Formen. Wählen Sie aus der Kategorie *Blockpfeile* die Autoform *Pfeil nach oben* per Mausklick aus und ziehen Sie den Pfeil mit gedrückter Maustaste auf einer Folie auf.

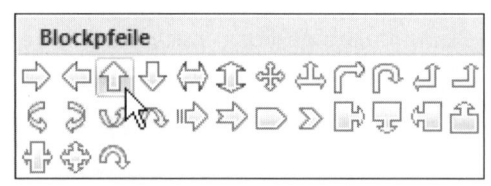

Abb. 5.2: *Pfeil nach oben* in der Kategorie *Blockpfeile*

Sie können den Pfeil nun größer oder kleiner, breiter oder schmaler machen, indem Sie mit gedrückter Maustaste an einem der Ziehpunkte ziehen.

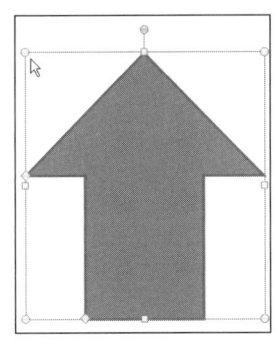

Abb. 5.3: Ziehpunkte

> **TIPP**
>
> Um die Proportionen der Form beizubehalten, ziehen Sie an einem der Eckpunkte und halten Sie dabei gleichzeitig die ⇧-Taste gedrückt.

Einige Formen verfügen über zusätzliche gelbe (eckige) Ziehpunkte, mit deren Hilfe Teilbereiche der Form verändert werden können. Bei dem Pfeil in Abbildung 5.3 bedeutet dies, dass Sie auch nur die Pfeilspitze oder nur den Pfeilstamm verändern können, wenn Sie dies wünschen.

Wenn Sie den Mauszeiger auf den grünen Punkt oberhalb der Form bewegen, verwandelt er sich in einen Rundpfeil. Wenn Sie dieses Symbol sehen, können Sie mit gedrückter Maustaste die Form nach rechts oder links drehen.

Die exakte Größe der Form auf der Folie können Sie auch über das Dialogfeld *Größe und Position* festlegen:

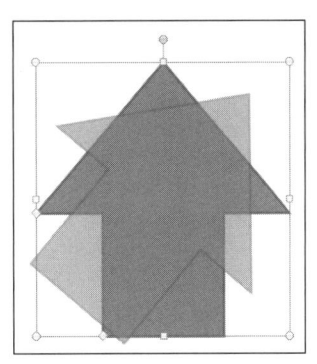

Abb. 5.4: Form drehen

Klicken Sie die Form auf der Folie an, um sie zu markieren. Oberhalb der Multifunktionsleiste sehen Sie den Hinweis *Zeichentools*.

Klicken Sie auf die Registerkarte *Format* darunter, um an den Aufgabenbereich *Größe* zu gelangen:

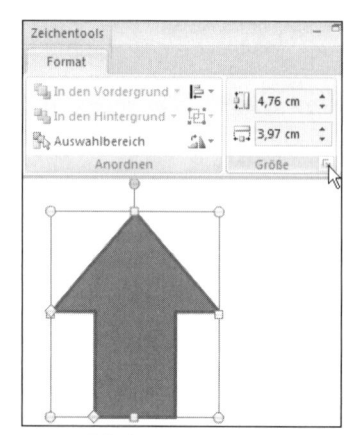

Abb. 5.5: Objektgröße exakt eingeben

Öffnen Sie das Dialogfeld *Größe und Position* über den kleinen, schräg nach unten zeigenden Pfeil, um dort exakte Größenangaben vorzunehmen.

Verschieben von Objekten

Um Formen auf der Folie an andere Positionen zu verschieben, können Sie zwischen folgenden zwei Wegen wählen:

➪ Markieren Sie die Form per Mausklick. Solange der Mauszeiger zwei gekreuzte Doppelpfeile zeigt, können Sie die Form bei gedrückter linker Maustaste an einen beliebigen Ort auf der Folie verschieben (siehe Abbildung 5.6).

➪ Markieren Sie die Form und rufen Sie unter dem Hinweis *Zeichentools* und dem Register *Format* (siehe Abbildung 5.5) das Dialogfeld *Größe und Position* auf. Geben Sie unter der dortigen Registerkarte *Position* einen horizontalen und einen vertikalen Wert ein, welcher die Platzierung der Form auf der Folie bestimmt.

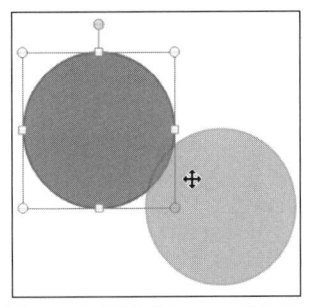

Abb. 5.6: Objekt verschieben

> **TIPP**
>
> Das Dialogfeld *Größe und Position* erreichen Sie auch über das Kontextmenü. Klicken Sie hierzu mit der rechten Maustaste auf die Form.

Formen gestalten

⇨ Ziehen Sie eine viereckige Form auf der Folie auf.

⇨ Aktivieren Sie die Ansicht der *Format*-Werkzeuge unter dem Hinweis *Zeichentools*.

In der Aufgabengruppe *Formenarten* sehen Sie die Schaltflächen *Fülleffekt*, *Formkontur* und *Formeffekte*.

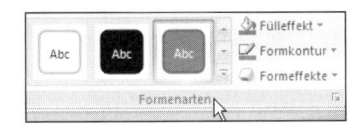

Abb. 5.7: Gruppe *Formenarten*

Füllungen

Die Füllung einer Form kann aus einer Farbe bzw. einem Farbverlauf, einem Bild oder einer Struktur bestehen. Öffnen Sie das Feld *Fülleffekt* über den kleinen Pfeil und sehen Sie sich die Möglichkeiten an.

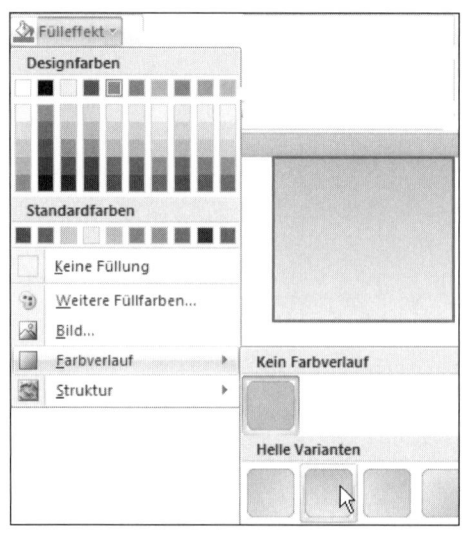

Abb. 5.8: Form mit Farbverlauf füllen

Füllen Sie das von Ihnen auf der Folie platzierte Viereck beispielsweise mit einem der angebotenen Farbverläufe.

Konturen

Die Formkontur ist der Rahmen des Objekts. Sie können Farbe, Stärke und Art dieses Rahmens über das Listenfeld *Formkontur* anpassen.

Effekte

Über die Schaltfläche *Formeffekte* gelangen Sie zu verschiedenen Effektgruppen wie *Schatten*, *Spiegelung* oder auch *weiche Kanten*. Um die Auswirkungen solcher Effekte auf eine Form zu sehen, halten Sie bei zuvor durch Mausklick aktivierter Form den Mauszeiger auf die unterschiedlichen Effektangebote:

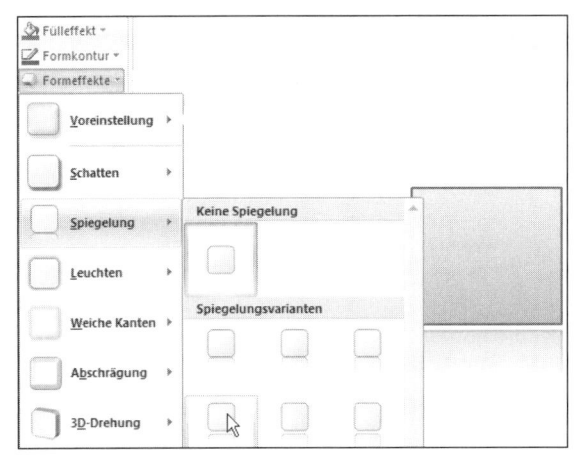

Abb. 5.9: Spiegelungseffekt

Text in Formen

Um Text in eine Form zu integrieren, könnten Sie beispielsweise ein Textfeld auf der Folie einfügen und dieses über der Form positionieren. Hierbei muss das Textfeld manuell der Form angepasst werden. Dies kann Vor- und Nachteile haben: Einerseits können Sie das Textfeld unabhängig von der Form formatieren, andererseits kann es etwas mühsamer sein, ein stimmiges Ergebnis zu erhalten.

Daher ist es unter Umständen sinnvoller (und einfacher), direkt in die markierte Form hineinzuschreiben. Wie der Text dann innerhalb der Form dargestellt wird, bestimmen Sie so:

⇨ Die Registerkarte *Format* unter *Zeichentools* muss sichtbar sein. (Zur Erinnerung: Der Hinweis *Zeichentools* erscheint oberhalb der Multifunktionsleiste, sobald eine Form in die Folie eingefügt wird.)

⇨ Schreiben Sie zunächst Text einfach in eine Form hinein (ohne ein Textfeld einzufügen!).

⇨ Klicken Sie anschließend auf den kleinen Pfeil rechts unten in der Aufgabengruppe *WordArt*:

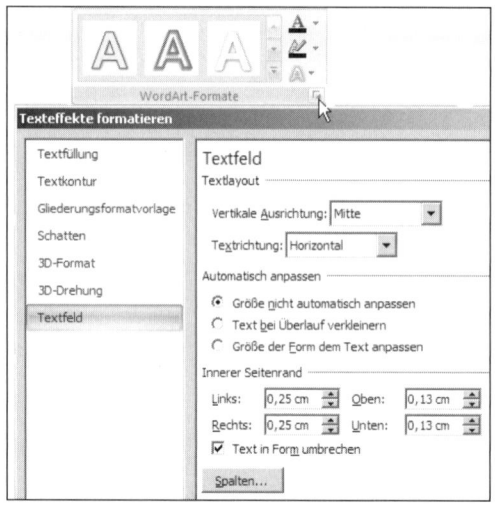

Abb. 5.10: Text in Form bearbeiten

In dem Dialogfeld für die Textbearbeitung, welches sich daraufhin öffnet, können Sie unter der Option *Automatisch anpassen* folgende Felder durch Mausklick aktivieren:

⇨ *Größe nicht automatisch anpassen* = Der Text wird so beibehalten, wie Sie ihn eingegeben haben, auch wenn Sie die Größe der Form verändern.

⇨ *Text bei Überlauf verkleinern* = Der Text wird verkleinert, falls er sonst über den Rand der Form hinausliefe.

⇨ *Größe der Form dem Text anpassen* = Die Form wird entsprechend der Textgröße vergrößert oder verkleinert.

Wenn die Option *Text in Form umbrechen* nicht angeklickt ist, schreiben Sie den Text ohne Zeilenumbruch horizontal fort, auch über den Rand der Form hinaus.

Text nachträglich formatieren

Unter der Registerkarte *Start* in der Aufgabengruppe *Schriftart* finden Sie die üblichen Textbearbeitungswerkzeuge, welche die meisten von Ihnen von der Arbeit mit Word kennen:

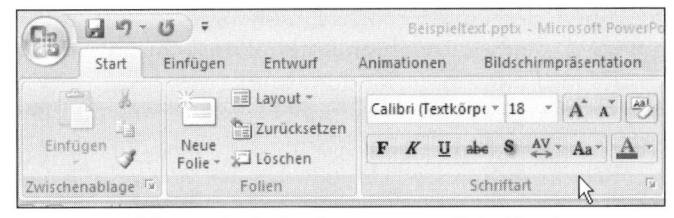

Abb. 5.11: Aufgabengruppe *Schriftart*

Hier können Sie den zuvor eingegebenen (und markierten) Text u.a. hinsichtlich Größe, Schriftart und -farbe oder auch den Zeichenabstand verändern. Weitere Formatierungsmöglichkeiten finden sich auch hier unter dem kleinen, schräg nach unten zeigenden Pfeil am rechten unteren Rand der Aufgabengruppe. Siehe hierzu auch Kapitel 3, Abschnitt »Text und Textfelder formatieren«.

Linien

Verbindungslinien

Auf einer Folie kann es sinnvoll sein, Zusammenhänge oder Zugehörigkeiten durch *Verbindungslinien* deutlich zu machen. Verbindungslinien haben den Vorteil, dass sie mit den Formen verbunden bleiben, auch wenn die Form auf der Folie verschoben wird. Unter den Formen in PowerPoint stehen zu diesem Zweck gerade, abgewinkelte und gebogene Verbindungslinien mit und ohne Pfeilspitzen zur Verfügung.

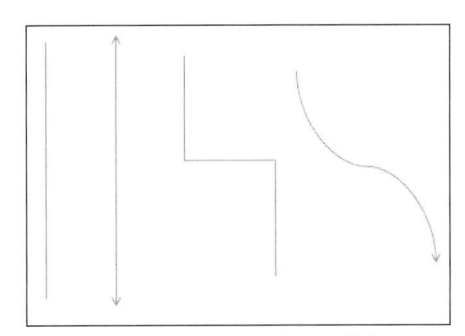

Abb. 5.12: Verbindungslinien

Formen

Wenn Sie unter der Registerkarte *Einfügen/Form* eine der Verbindungen per Mausklick auswählen und mit der Maus über eine Form fahren, werden die roten Verbindungspunkte der Form sichtbar, an denen Sie eine Verbindungslinie andocken können. Alle auf diese Weise miteinander verbundenen Formen bleiben auch beim Verrücken der Formen verbunden. Um eine solche Verbindung wieder zu lösen, müssen Sie die Maus lediglich auf den Anfangs- oder Endpunkt der Verbindung halten und mit gedrückter Maustaste daran ziehen.

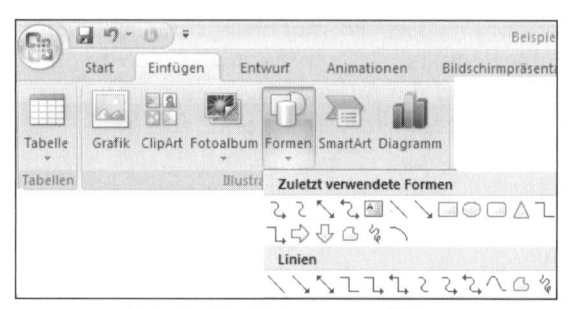

Abb. 5.13: Linien auswählen

Interaktive Schaltflächen

Zu den Formen, die Sie in Ihre Folien einfügen können, zählen auch die *Interaktiven Schaltflächen*.

Abb. 5.14: Interaktive Schaltflächen

Mithilfe dieser Steuerelemente können Sie von Ihren Folien aus Verlinkungen herstellen oder bestimmte Aktionen (auch Programme) ausführen lassen.

Wenn Sie eine der interaktiven Schaltflächen aus dem Formenbereich in die Folie eingefügt haben, öffnet sich das Fenster *Aktionseinstellungen*:

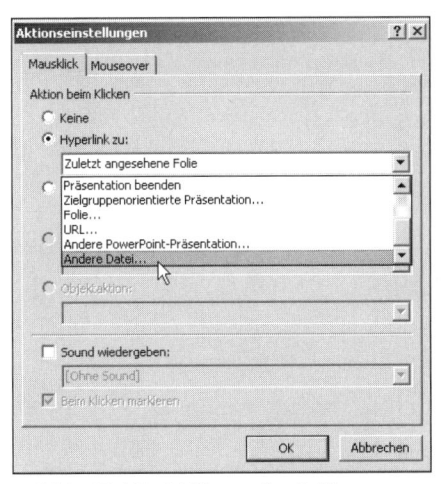

Abb. 5.15: Aktionseinstellungen

Wenn Sie hier das Feld *Hyperlink zu* aktivieren, können Sie einstellen, ob bei Mausklick oder Mouseover (wenn der Betrachter mit der Maus über die Schaltfläche fährt)

⇨ zu anderen Folienseiten verlinkt werden soll,

⇨ zu einer bestimmten Adresse im Internet verlinkt werden soll,

⇨ die Präsentation beendet werden soll,

⇨ zu einer anderen PowerPoint-Präsentation gewechselt werden soll,

⇨ zu einer Datei außerhalb von PowerPoint gewechselt werden soll.

Bei Aktivierung des Feldes *Sound wiedergeben* können Sie einen Sound auswählen, der zu hören ist, sobald die Schaltfläche angeklickt oder sobald mit der Maus darüber gefahren wird (vorherige Auswahl der Registerkarte *Mausklick* oder *Mouseover*).

Spätere Veränderungen der Aktionseinstellungen nehmen Sie am einfachsten vor, indem Sie auf der Folie mit der rechten Maustaste (Kontextmenü) auf die interaktive Schaltfläche (Form) klicken und die Option *Hyperlink* oder *Hyperlink bearbeiten* auswählen.

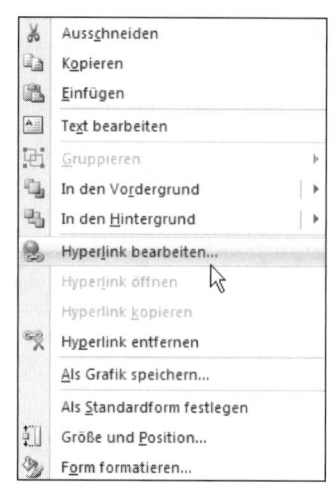

Abb. 5.16: Option *Hyperlink bearbeite*n im Kontextmenü

Welche Optionen hier erscheinen, ist von den eingestellten Aktionen abhängig.

6 Objekte auf der Folie anordnen

Ziel des Kapitels

⇨ Elemente auf der Folie sinnvoll und harmonisch anordnen

Schritte zum Erfolg

⇨ Kennenlernen von Raster und Führungslinien
⇨ Objekte zueinander ausrichten
⇨ Verändern der Reihenfolge übereinander liegender Objekte

Um Objekte wie Textfelder, Bilder oder Formen auf der Folie an einen anderen Platz zu verschieben, können Sie natürlich einfach mit gedrückter Maustaste am jeweiligen Objekt ziehen. Daneben gibt es jedoch noch einige differenziertere Möglichkeiten; vor allem, wenn es darum geht, verschiedene Objekte zueinander in Beziehung zu setzen und dementsprechend auf der Folie anzuordnen.

Objekte duplizieren

Ein Objekt, welches Sie mehrfach auf einer Folie benötigen, können Sie beliebig oft vervielfältigen. Markieren Sie dazu das entsprechende Objekt und drücken Sie die Tastenkombination [Strg] + [D] (für Duplizieren). Diesen Vorgang können Sie so lange wiederholen, bis Sie über die gewünschte Anzahl Objekte auf der Folie verfügen.

Um eine ganze Reihe gleicher Objekte in regelmäßigen Abständen anzuordnen, z.B. um eine Kette zu bilden, duplizieren Sie ein Objekt und versetzen die erste Kopie durch Mausziehen an den Ort Ihrer Wahl. Wenn Sie erneut duplizieren, werden Sie feststellen, dass sich das dritte Objekt genauso zum zweiten verhält wie das zweite zum ersten. Auch diesen Vorgang können Sie beliebig oft wiederholen.

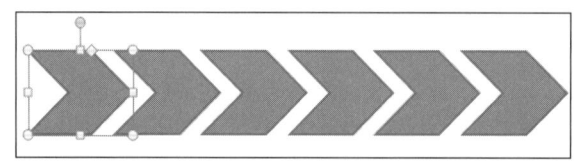

Abb. 6.1: Eine zur Kette duplizierte Pfeilform

Gruppieren

Komplexe und sehr individuelle Objekte können Sie durch das Kombinieren mehrerer und verschiedener Elemente erzeugen. Um unterschiedliche Elemente zu einem Objekt zusammenzufassen, müssen die Einzelelemente gruppiert werden.

Im folgenden Beispiel haben wir aus einem Dreieck und vier Rechtecken ein Haus »gebaut«. In der Abbildung unten haben alle Einzelelemente noch ihre eigenen Markierungspunkte und müssen separat bearbeitet werden.

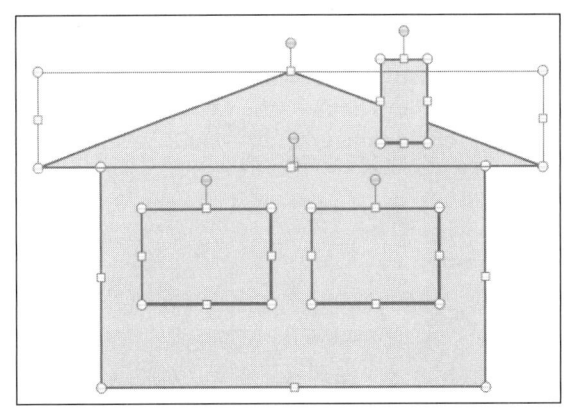

Abb. 6.2: Einzelne Elemente mit eigenen Markierungspunkten

In der nächsten Abbildung haben wir alle Elemente gruppiert. Am Objektrahmen erkennen Sie, dass das gesamte Bild nun von PowerPoint wie ein Objekt behandelt wird und entsprechend formatiert werden kann.

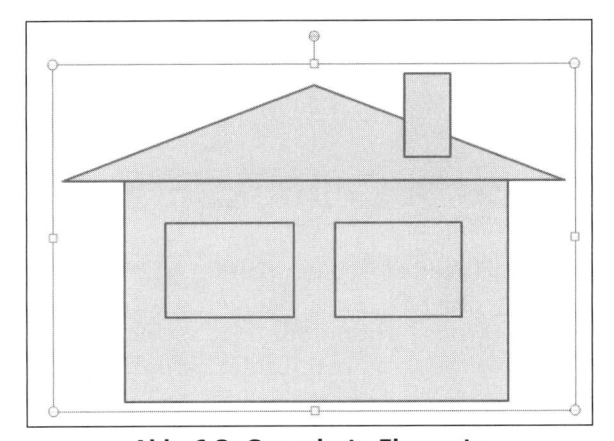

Abb. 6.3: Gruppierte Elemente

Und so gruppieren Sie: Ordnen Sie einige Formen Ihrer Wahl auf einer Folie an oder bauen Sie mithilfe der Formen, die Sie im letzten Kapitel kennen gelernt haben, das Haus aus unserem Beispiel nach. Wenn das Haus fertig ist, markieren Sie ein Teilelement, indem Sie mit der Maus darauf klicken. Halten Sie dann die ⇧-Taste gedrückt und markieren Sie nacheinander die restlichen Elemente durch Anklicken mit der Maus. Anschließend klicken Sie in der Aufgabengruppe *Anordnen* unter dem Hinweis *Zeichentools* das Listenfeld *Gruppieren* auf und wählen die Option *Gruppieren* aus. Dadurch werden alle Teilelemente zu einem Objekt gruppiert.

Abb. 6.4: Schaltfläche *Gruppieren*

Um eine Gruppierung wieder aufzuheben – wenn Sie beispielsweise einzelne Elemente noch einmal nachbearbeiten wollen –, markieren Sie das gruppierte Objekt und wählen dieselbe Option aus, die dann *Gruppierung aufheben* heißt.

> **TIPP**
>
> Schneller geht es über das Kontextmenü: Per rechten Mausklick in die markierten Elemente gelangen Sie direkt zum Befehl *Gruppieren* bzw. *Gruppierung aufheben*.

Raster und Führungslinien nutzen

Powerpoint verfügt über ein Folien-*Raster*, welches sich auch einblenden lässt. Von den Rastereinstellungen, die Sie manuell verändern können, hängt die Schrittgröße ab, mit der Objekte auf der Folie verschoben werden können. (Die Standardeinstellung beträgt 0,2 cm.)

Um das Raster beim Ausrichten von Objekten auf der Folie zu nutzen, müssen Sie es zunächst einblenden. Hierzu gibt es verschiedene Möglichkeiten:

⇨ Bei einer leeren Folie können Sie das Raster unter der Registerkarte *Ansicht* per Mausklick auf das Kontrollkästchen *Gitternetzlinien* einblenden:

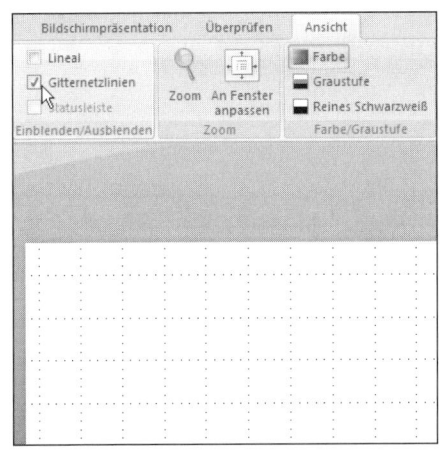

Abb. 6.5: Raster einblenden über Registerkarte *Ansicht*

⇨ Oder Sie nutzen die Aufgabengruppe *Zeichnung* unter der Registerkarte *Start*. Hier finden Sie die Schaltfläche *Anordnen*.

Abb. 6.6: Schaltfläche *Anordnen*

⇨ Klicken Sie das Listenfeld unter *Anordnen* auf, halten Sie die Maus zunächst auf die Option *Ausrichten* und klicken Sie dann auf *Rastereinstellungen* (siehe Abbildung 6.7).

Im Dialogfeld *Raster und Linien*, welches sich daraufhin öffnet, können Sie neben dem Raster auch die so genannten *Zeichnungslinien* auf dem Bildschirm anzeigen lassen. Diese sind zunächst jeweils eine Horizontale und eine Vertikale, die sich beliebig oft kopieren lassen, wenn mehr Führungslinien benötigt werden (siehe Abbildung 6.8).

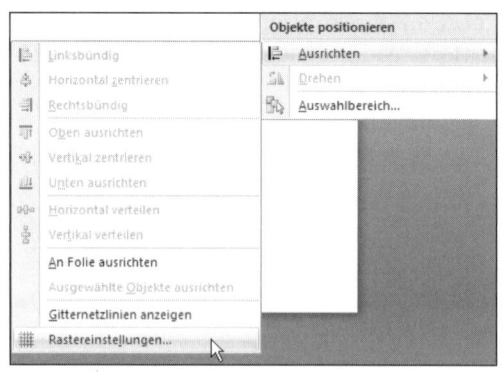

Abb. 6.7: *Rastereinstellungen*

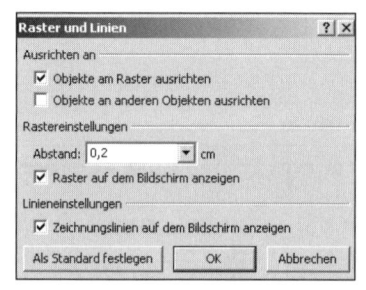

Abb. 6.8: Dialogfeld *Raster und Linien*

Die Zeichnungslinien sind praktische Hilfsmittel beim Ausrichten von Objekten auf der Folie; sie zeigen beim Verschieben mit der Maus ihren jeweiligen Standort in Zentimetern vom Nullpunkt aus an. (Der Nullpunkt ist die exakte Mitte der Folie, sowohl in vertikaler als auch in horizontaler Hinsicht.)

Blenden Sie das Raster und die Zeichnungslinien ein, indem Sie per Mausklick ein Häkchen in die entsprechenden Kontrollkästchen setzen und ziehen Sie dann auf der Folie mit gedrückter Maustaste an einer der Zeichnungslinien. Sie sehen, wie sich die Positionsangabe in Zentimetern während des Verschiebens verändert (siehe Abbildung 6.9).

Wenn Sie mehr als die beiden Standard-Führungslinien benötigen, kopieren Sie sie einfach, indem Sie beim Verschieben einer Linie die [Strg]-Taste gedrückt halten. Überflüssige Führungslinien können Sie entfernen, indem Sie sie einfach aus der Folie herausziehen.

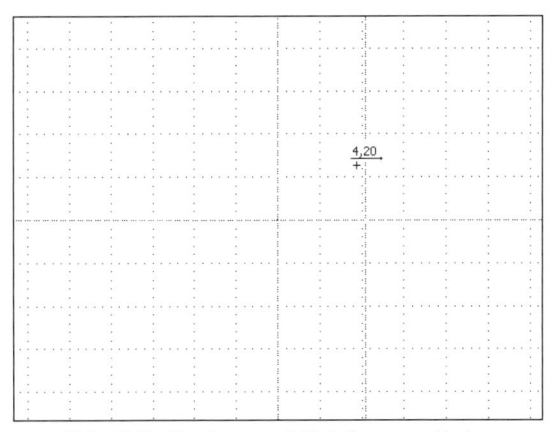

Abb. 6.9: Raster und Zeichnungslinien

> **TIPP** ⚠️
>
> Um mehrere Führungslinien im gleichen Abstand einzufügen, gibt es folgenden Trick: Nachdem Sie die erste Linie kopiert haben, halten Sie beim Kopieren der folgenden Linien zusätzlich zur [Strg]-Taste die [⇧]-Taste gedrückt. Dadurch befindet sich der Nullpunkt immer auf der aktuellen Führungslinie und Sie brauchen nicht jeden Linienabstand neu zu berechnen.

Raster und Führungslinien blenden Sie wieder aus, indem Sie die entsprechenden Kästchen im Dialogfeld *Raster und Linien* (siehe Abbildung 6.8) per Mausklick deaktivieren.

> **TIPP** ⚠️
>
> Um die Rastereinstellungen kurzfristig zu umgehen und ein Objekt in kleineren Schritten zu verschieben, drücken Sie während des Verschiebens von Objekten die [Strg]-Taste.

Objekte aneinander ausrichten

Um Objekte auf der Folie nicht am Raster, sondern aneinander auszurichten, also zueinander in Bezug zu setzen, verfahren Sie wie folgt:

Im Dialogfeld *Raster und Linien* (siehe Abbildung 6.8) aktivieren Sie das Kontrollkästchen *Objekte an anderen Objekten ausrichten*, indem Sie per Mausklick ein Häkchen setzen. Die Option *Objekte am Raster ausrichten* (ist standardmäßig aktiviert) deaktivieren Sie, indem Sie dieses Häkchen per Mausklick entfernen.

Unter der Registerkarte *Start*, Aufgabengruppe *Zeichnung*, Schaltfläche *Anordnen*, Option *Ausrichten* gelangen Sie wieder zum in Abbildung 6.7 bereits gezeigten Listenfeld, in dem sich auch die Rastereinstellungen befinden:

Abb. 6.10: Objekte aneinander ausrichten

Mithilfe der angezeigten Schaltflächen können Sie die markierten Objekte einer Folie zueinander in Bezug setzen.

> **TIPP**
>
> Markieren Sie die auszurichtenden Objekte, indem Sie das erste Objekt mit der Maus anklicken und danach bei gedrückter ⇧-Taste alle weiteren Objekte per Mausklick markieren.

Die Option *Linksbündig* bewirkt beispielsweise, dass alle (markierten) Objekte linksbündig nach dem Objekt ausgerichtet werden, das sich am weitesten links befindet.

Nebeneinander liegende Objekte können mit der Option *Unten ausrichten* am unteren Rand des untersten Objekts ausgerichtet werden.

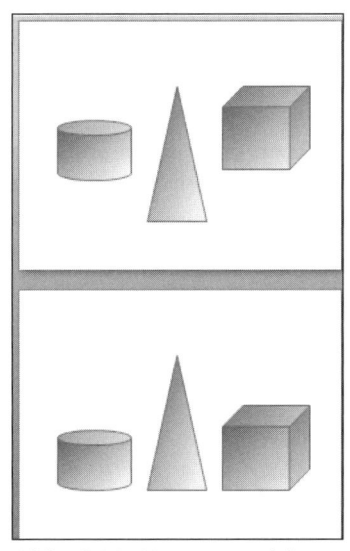

Abb. 6.11: Unten ausrichten

Auf der oberen Folie in Abbildung 6.11 sehen Sie die freihändig auf der Folie platzierten Objekte. Im Bild darunter die gleichen Objekte nach dem Befehl *Unten ausrichten*.

Sie sehen, dass der Maßstab immer jenes Objekt ist, welches sich am weitesten oben, unten oder links befindet.

Um gleiche Abstände zwischen den Objekten zu erhalten, markieren Sie sie und wählen *Horizontal verteilen*, wenn sich die Objekte nebeneinander befinden, bzw. *Vertikal verteilen*, wenn sich die Objekte untereinander befinden.

Objekte relativ zur Folie ausrichten

Um die Folienobjekte nicht aneinander, sondern im Verhältnis zur Folie anzuordnen, müssen Sie vorher die Option *an Folie ausrichten* (siehe Abbildung 6.10) auswählen. Danach bewirkt z.B. der Befehl *Oben ausrichten*, dass alle markierten Objekte an den oberen Folienrand gesetzt werden.

Ebenen/Objektreihenfolge verändern

Wenn Sie Objekte einfügen oder erstellen, die sich überlappen, liegen diese zunächst in der Reihenfolge übereinander, in der sie erstellt wurden. Sie können diese manchmal ungewollte Reihenfolge sehr einfach Ihren entsprechend Wünschen anpassen.

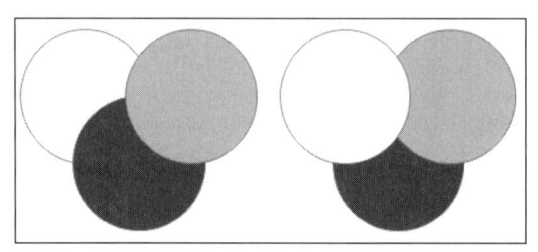

Abb. 6.12: Kreise übereinander

Links in Abbildung 6.12 sehen Sie, dass der weiße Kreis, der zuerst erstellt wurde, ganz hinten liegt. Bei den Kreisen rechts daneben wurde die Reihenfolge verändert und der weiße Kreis liegt jetzt ganz vorne.

Die Objektreihenfolge ändern Sie ebenfalls über die Schaltfläche *Anordnen* (unter der Registerkarte *Start*, Aufgabengruppe *Zeichnung*, Schaltfläche *Anordnen*).

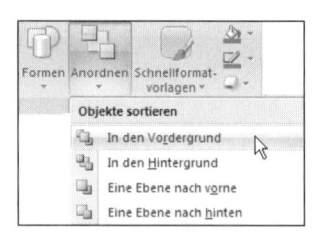

Abb. 6.13: Objekte sortieren

Unter der Überschrift *Objekte sortieren* bestimmen Sie, auf welcher Ebene das zuvor markierte Element liegen soll. Klicken Sie *In den Vordergrund* an, wird das markierte Objekt ganz nach vorne gesetzt.

7 Zahlen präsentieren

Ziel des Kapitels

⇨ Anschauliches Präsentieren von Zahlenmaterial

Schritte zum Erfolg

⇨ Vorhandene Tabellen aus anderen Anwendungen einfügen
⇨ Tabellen direkt in PowerPoint erzeugen
⇨ Erstellen und Nachbearbeiten von Diagrammen

Tabellen

Tabellen aus anderen Anwendungen einfügen

Die Aufgabe, Zahlenmaterial in Präsentationen übersichtlich darzustellen, lässt sich u.a. mithilfe von *Tabellen* lösen. Besonders schnell und unkompliziert geht dies, wenn die Zahlen bereits in Dateiform aus einer anderen Anwendung wie z.B. Word oder Excel vorliegen, denn dieses Material kann in PowerPoint auf unterschiedliche Art und Weise eingefügt werden.

Word-Tabellen einfügen

Die einfachste und schnellste Art, eine Word-Tabelle in eine Präsentation einzufügen, ist, sie in Word zu kopieren und auf der PowerPoint-Folie über die Schaltfläche *Einfügen* unter der Registerkarte *Start* wieder einzufügen.

Abb. 7.1: Schaltfläche *Einfügen*

Probieren Sie das einmal mit der Tabelle auf der Buch-CD, der Datei *Umsatztabelle.docx*, aus. Die Formatierungen der Tabelle bleiben dabei weitgehend erhalten.

	1. Quartal	2. Quartal	3. Quartal	4. Quartal
2004	60.000	75.000	110.000	89.000
2005	81.000	95.000	180.000	102.000
2006	116.000	112.000	210.000	142.000

Abb. 7.2: In PowerPoint eingefügte Word-Tabelle

An den Ziehpunkten auf dem Tabellenrahmen können Sie die Tabelle durch Ziehen mit gedrückter linker Maustaste bis zur gewünschten Größe aufziehen. Die Schriftgröße innerhalb der Tabelle verändert sich dabei nicht. Diese passen Sie bei Bedarf separat an und verfahren dabei wie mit sonstigem Text auch, indem Sie unter der Registerkarte *Start* in der Aufgabengruppe *Schriftart* eine andere Schriftgröße auswählen.

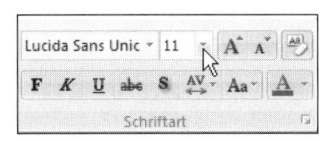

Abb. 7.3: Schriftgröße ändern

> **TIPP**
>
> Bei Tabellen innerhalb von PowerPoint-Präsentationen empfiehlt es sich aufgrund der besseren Lesbarkeit, die Zeichen innerhalb der Tabelle nicht kleiner als mit Schriftgröße 16 zu formatieren.

Beim Einfügen über den *Kopieren/Einfügen*-Befehl können einige Formatierungen aus Word verloren gehen: In der Beispieltabelle aus Abbildung 7.2 wurden z.B. durch den PowerPoint-Konverter Trennlinien zwischen den Zeilen eingefügt, die in der Originaltabelle nicht vorhanden waren. Nicht nur aus diesem Grund kann eine Nachbearbeitung der eingefügten Tabelle notwendig sein.

Tabellen in PowerPoint formatieren

Nach dem Einfügen einer Tabelle in Ihre Folie sehen Sie oberhalb der Multifunktionsleiste den Hinweis *Tabellentools* mit den beiden Registerkarten *Entwurf* und *Layout*.

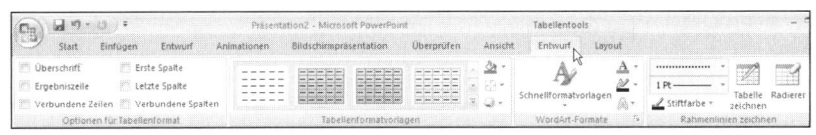

Abb. 7.4: Tabellentools/Registerkarte *Entwurf*

Zahlen präsentieren

Um die Tabelle nachträglich zu bearbeiten, z.B. um sie dem Design Ihrer Präsentation anzupassen, muss sie zunächst markiert sein. Markieren Sie die Tabelle per Mausklick auf den Tabellenrahmen. Klicken Sie dann mit der Maus die Registerkarte *Entwurf* unter *Tabellentools* auf, um die Aufgabengruppen:

⇨ Optionen für Tabellenformat

⇨ Tabellenformatvorlagen

⇨ *WordArt-Formate* und

⇨ *Rahmenlinien zeichnen*

zu sehen.

Unter der Aufgabengruppe *Tabellenformatvorlagen* befindet sich ein Katalog verschiedener Formatvorlagen für Ihre Tabellen. Halten Sie die Maus auf eine der Formatvorlagen, um den Effekt auf der Tabelle in der Folie zu sehen:

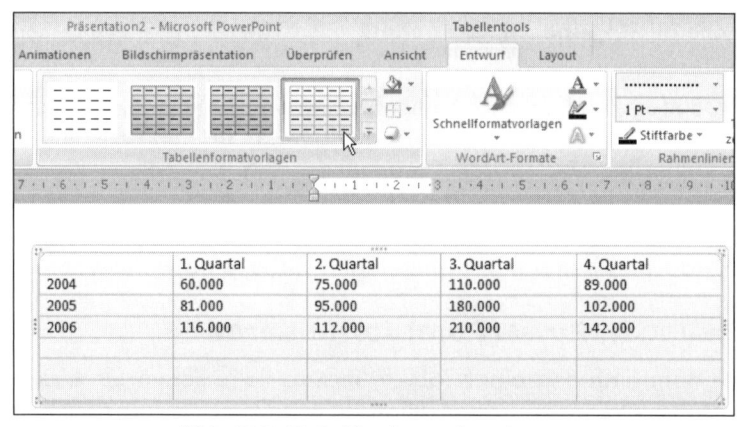

Abb. 7.5: Tabellenformatvorlagen

In der Aufgabengruppe links neben *Tabellenformatvorlagen*, der Aufgabengruppe *Optionen für Tabellenformat*, können Sie bestimmen, welche Auswahl von Formatvorlagen für Ihre Tabelle angezeigt werden soll:

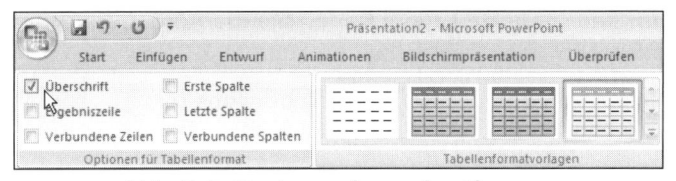

Abb. 7.6: Designvorlagen bestimmen

Wenn Sie beispielsweise das Feld *Überschrift* per Mausklick aktivieren, werden Ihnen rechts daneben spezielle Designvorlagen für eine Tabelle mit integrierter Überschrift angezeigt.

Unter den *Tabellenformatvorlagen* im Listenfeld für die Rahmenlinien der Tabelle können Sie diese für die gesamte Tabelle oder lediglich für einen vorher markieren Tabellenbereich festlegen:

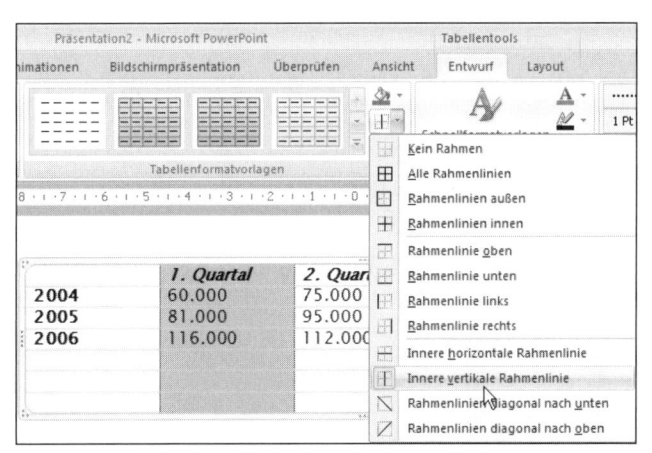

Abb. 7.7: Tabellen-Rahmenlinien

Ansonsten haben Sie für die Gestaltung Ihrer Tabellen weitestgehend die gleichen zahlreichen Formatierungsmöglichkeiten wie bei anderen PowerPoint-Elementen. Sie können die Füllfarben der ganzen Tabelle, einzelner Spalten oder Zeilen oder auch einzelner Zellen verändern sowie alle zur Verfügung stehenden Effekte, wie z.B. Schatten oder Spiegelungen, anwenden. Der Katalog der WordArt-Formate steht für Tabellentext ebenso zur Verfügung wie für sonstigen Text innerhalb einer PowerPoint-Präsentation.

Unter der Registerkarte *Layout* finden Sie die Aufgabengruppen und Befehle für Aufgaben wie diese:

⇨ Löschen von Zeilen oder Spalten der Tabelle

⇨ Einfügen von Zeilen und Spalten

⇨ Verbinden oder Trennen von Zellbereichen

⇨ Bestimmen von Zellengröße, Spaltenbreite oder Zeilenhöhe

⇨ Ausrichtung von Text innerhalb der Zellen

⇨ Einstellen des Abstands von Tabellentext zu den Zellrändern

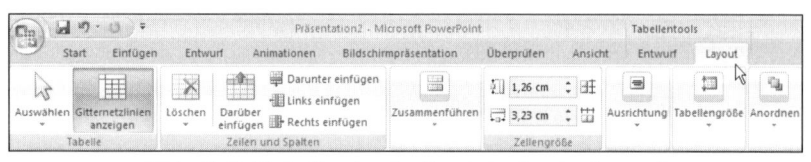

Abb. 7.8: Tabellentools-Registerkarte *Layout*

Um beispielsweise den Tabellentext in unserer Beispieltabelle von der Buch-CD *Umsatztabelle.docx* (siehe Abbildung 7.2) rechtsbündig auszurichten, verfahren Sie wie folgt:

Klicken Sie (bei zuvor markierter Tabelle) mit der Maus auf das Feld *Ausrichtung* und anschließend auf die Schaltfläche *Text rechtsbündig ausrichten*:

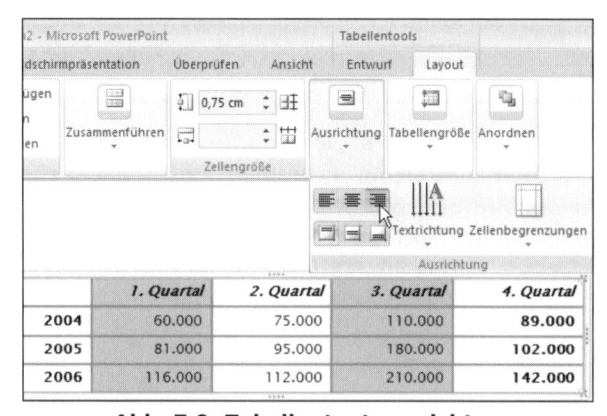

Abb. 7.9: Tabellentext ausrichten

Das hat in diesem Fall den praktischen Nebeneffekt, dass die Tausenderpunkte der Umsatzzahlen bündig untereinander stehen.

Den Abstand vom Text zum Zellenrand können Sie unter dem Auswahlfeld *Zellenbegrenzungen*, das Sie ebenfalls in Abbildung 7.9 sehen, bestimmen.

Tabellen dynamisch einfügen

Bei der im Abschnitt »Word-Tabellen einfügen« beschriebenen Art des einfachen Einfügens wird die Word-Tabelle statisch in die PowerPoint-Präsentation eingefügt. Sie haben allerdings auch die Möglichkeit, Tabellen dynamisch einzufügen, sodass Änderungen an der Quelldatei automatisch in die PowerPoint-Präsentation übernommen werden.

Beim dynamischen Einfügen kopieren Sie die Originaltabelle in Word wie gewohnt, wählen dann aber in PowerPoint über die *Einfügen*-Schaltfläche den Befehl *Inhalte einfügen* aus und im daraufhin erscheinenden Dialogfeld die Option *Verknüpfung einfügen*.

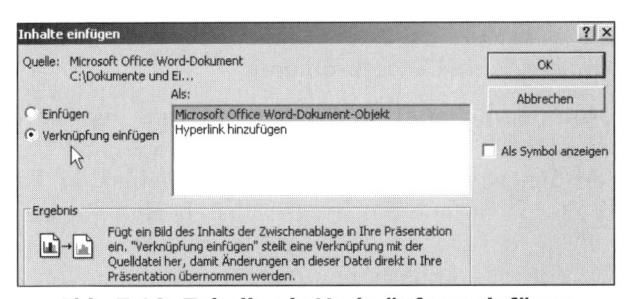

Abb. 7.10: Tabelle als Verknüpfung einfügen

Eine auf diese Art in die PowerPoint-Folie eingefügte Tabelle wird bei jeder Änderung im Quelldokument automatisch aktualisiert. Damit alle Formatierungen der Word-Tabelle sofort nach deren Änderung übernommen werden, müssen Sie eventuell über das Kontextmenü (rechter Mausklick auf die PowerPoint-Tabelle) den Befehl *Verknüpfung aktualisieren* anklicken.

Durch die Verknüpfung können Veränderungen an der Originaltabelle wiederum direkt in PowerPoint durchgeführt werden. Doppelklicken Sie auf die Tabelle: Sie landen auf diese Art wieder im

Original-Word-Dokument, wo Sie Ihre Änderungen vornehmen können.

Excel-Tabellen einfügen

Die Möglichkeiten, eine Excel-Tabelle einzufügen, sind mit denen beim Einfügen einer Tabelle aus Word weitgehend identisch. Auch eine Excel-Tabelle können Sie statisch oder dynamisch einfügen:

⇨ Tabelle statisch einfügen:
Markieren Sie zunächst in der Excel-Tabelle den einzufügenden Zellbereich, kopieren Sie diesen dann mit [Strg] + [C] in die Zwischenablage. In PowerPoint fügen Sie die Tabelle per Mausklick auf die *Einfügen*-Schaltfläche unter der *Start*-Registerkarte (oder mit [Strg] + [V]) wieder ein.

⇨ Tabelle dynamisch einfügen:
Kopieren Sie den gewünschten Zellbereich in Excel wie oben beschrieben, Wählen Sie über die *Einfügen*-Schaltfläche in PowerPoint die Option *Inhalte einfügen* und klicken Sie dann das Kontrollfeld *Verknüpfung einfügen* an.

Sie können dies mit der Excel-Tabelle *Reisedaten Frühlingsangebote.xlsx* auf der Buch-CD ausprobieren.

Bei den Nachbearbeitungsmöglichkeiten verhält es sich ebenfalls wie bei eingefügten Word-Tabellen: Statisch eingefügte Excel-Tabellen können Sie, wie zuvor bei Word beschrieben, in PowerPoint nachbearbeiten, während Sie bei dynamisch eingefügten Tabellen per Doppelklick auf die Tabelle wieder zum Originaldokument gelangen und dort alle Änderungen mit den Möglichkeiten, die Excel bietet, durchführen können.

Ein anderer Weg ist das Einfügen der Tabelle als Objekt. Auch hierbei verfügen Sie innerhalb von PowerPoint über die gesamten Excel-Funktionalitäten und können zwischen statischem oder dynamischem Einfügen wählen:

Klicken Sie unter der Registerkarte *Einfügen* auf die Schaltfläche *Objekt*:

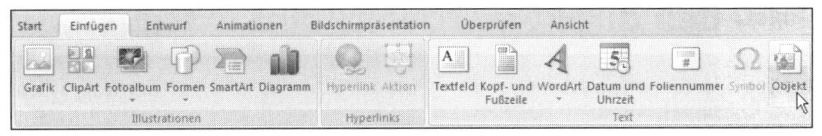

Abb. 7.11: Objekt einfügen

Klicken Sie im sich daraufhin öffnenden Dialogfeld *Objekt einfügen* das Kontrollfeld *Aus Datei erstellen* an und wählen Sie über die Schaltfläche *Durchsuchen* die gewünschte Excel-Datei im Datei-Manager aus.

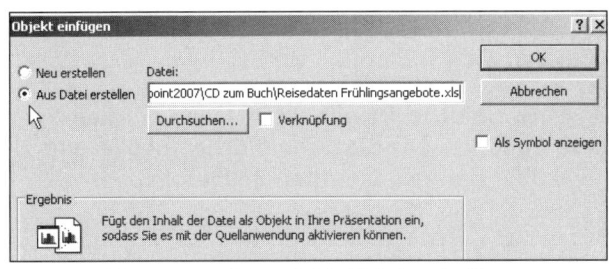

Abb. 7.12: Dialogfeld *Objekt einfügen*

Bestätigen Sie mit OK und die Tabelle wird als Objekt in die Präsentation eingefügt.

Die wesentlichen Unterschiede im Hinblick auf die Nachbearbeitung in PowerPoint in der Übersicht:

⇨ Einfügen einer in der Ursprungsanwendung kopierten Tabelle über den *Einfügen*-Befehl = Die Tabelle verfügt in PowerPoint über sämtliche PowerPoint-Tabellentools unter den Registerkarten *Entwurf* und *Layout*.

⇨ Einfügen über den Befehl *Inhalte einfügen* oder als Objekt = Die Tabelle verfügt in PowerPoint über die volle Excel-Funktionalität, aber nicht über die PowerPoint-Tabellentools.

Beim Einfügen wie im zweiten Aufzählungspunkt beschrieben, fügen Sie außerdem automatisch die gesamte Excel-Arbeitsmappe in die PowerPoint-Präsentation ein, können also zwischen einzelnen Tabellenblättern navigieren, falls erforderlich.

Tabellen direkt in PowerPoint erstellen

Wenn Sie eine Tabelle direkt in PowerPoint erstellen möchten, können Sie diese

⇨ entweder über die Vorauswahl der entsprechenden Anzahl von Zeilen und Spalten einfügen (siehe Abbildung 7.13) oder

⇨ über den Befehl *Tabelle zeichnen* selbst zeichnen.

Erstere Möglichkeit eignet sich, um schnell einfache Tabellen zu erstellen, währen Sie über das Zeichnen einer Tabelle leichter komplexere Tabellengebilde erstellen können.

Tabelle einfügen

Um schnell eine einfache Tabelle zu erstellen, klicken Sie unter der Registerkarte *Einfügen* auf die Schaltfläche *Tabelle* und ziehen Sie mit der Maus über den gewünschten Zellbereich.

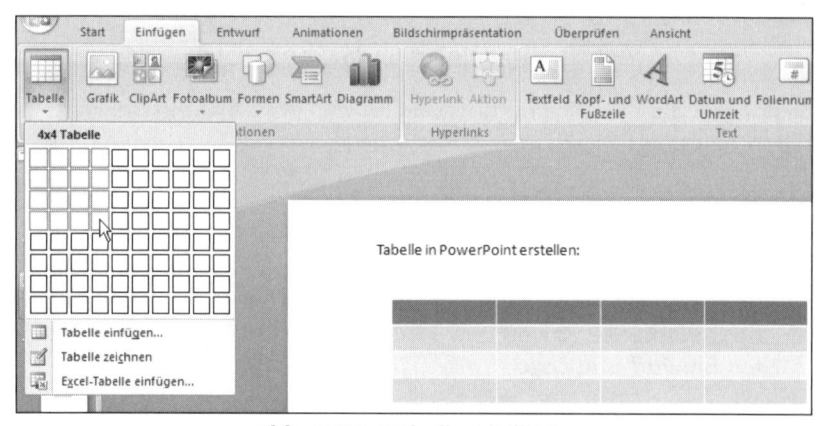

Abb. 7.13: *Tabelle einfügen*

Klicken Sie einmal mit der Maus, um den gewünschten Zellbereich in die Folie einzufügen.

Tabelle zeichnen

Wenn Sie unter der Registerkarte *Einfügen* über die Schaltfläche *Tabelle* den Befehl *Tabelle zeichnen* anklicken (siehe Abbildung 7.14), verwandelt sich der Mauszeiger in einen Stift, mit dem Sie bei gedrückter Maustaste den äußeren Tabellenrahmen in der Folie aufziehen können (siehe Abbildung 7.15)

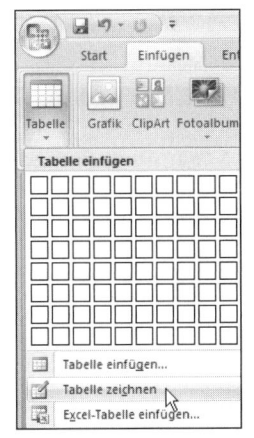

Abb. 7.14: Tabelle zeichnen

Abb. 7.15: Tabellenrahmen zeichnen

Für die Innenlinien der Tabelle klicken Sie erforderlichenfalls nochmals auf die Schaltfläche *Tabelle zeichnen*.

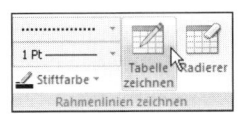

Abb. 7.16: Schaltfläche *Tabelle zeichnen* unter Registerkarte *Tabellentools/Entwurf*

Zeichnen Sie die gewünschte Anzahl von Spalten und Zeilen durch das Zeichnen von horizontalen und vertikalen Innenlinien:

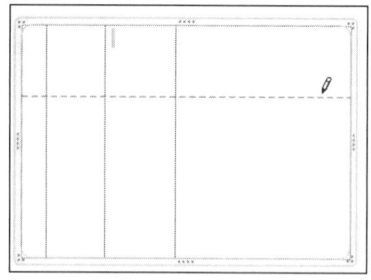

Abb. 7.17: Innenlinien zeichnen

Sobald Sie mit der Maus einmal außerhalb der Tabelle klicken, verwandelt sich der Stift wieder in den Mauszeiger und Sie können nach erneutem Klick in die Tabelle Text bzw. Zahlen in die Tabellenzellen schreiben.

Unerwünschte Linien können Sie wieder löschen, wenn Sie die Schaltfläche *Radierer* anklicken:

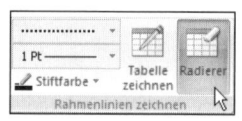

Abb. 7.18: *Radierer*-Schaltfläche

Der Mauszeiger verwandelt sich daraufhin in einen Radiergummi, mit dessen Hilfe Sie einzelne Linien per Mausklick (für Zellbegrenzungslinien) oder Ziehen über die Linie bei gedrückter Maustaste (für ganze Zeilen- oder Spaltenlinien) wieder entfernen. Um wieder zum normalen Mauszeiger zurückzukehren, klicken Sie auch in diesem Fall einfach einmal mit der Maus außerhalb der Tabelle.

Diagramme

Im Gegensatz zu Tabellen können *Diagramme* auf einer gleich großen bzw. gleich kleinen Fläche ein Vielfaches an Zahlenmaterial darstellen und komplexere Zusammenhänge optisch verdeutlichen.

Diagrammtypen

Um aus der Vielzahl der zur Verfügung stehenden Diagrammtypen die richtige Variante auszuwählen, sollte man die unterschiedlichen

Diagrammtypen zum einen kennen und zum anderen vorher ein paar Punkte klären:

⇨ Was soll die Hauptaussage des Diagramms sein?

⇨ Welche Daten sollen dargestellt werden, welche nicht?

⇨ Sollen bestimmte Daten hervorgehoben werden, wenn ja, welche?

⇨ Wie sollen die Daten angeordnet werden, welche Daten lassen sich evtl. zusammenfassen?

Hier zunächst eine kurze Übersicht über die meistverwendeten Diagrammtypen:

Säulen- und Balkendiagramme

Um mehrere Größen oder Mengen nebeneinander oder untereinander zu vergleichen, eignet sich das *Säulen-* oder *Balkendiagramm* sehr gut. Außerdem können mit diesem Diagrammtyp Rangfolgen besonders gut verdeutlicht werden, indem die Säulen oder Balken in auf- bzw. absteigender Reihenfolge angezeigt werden.

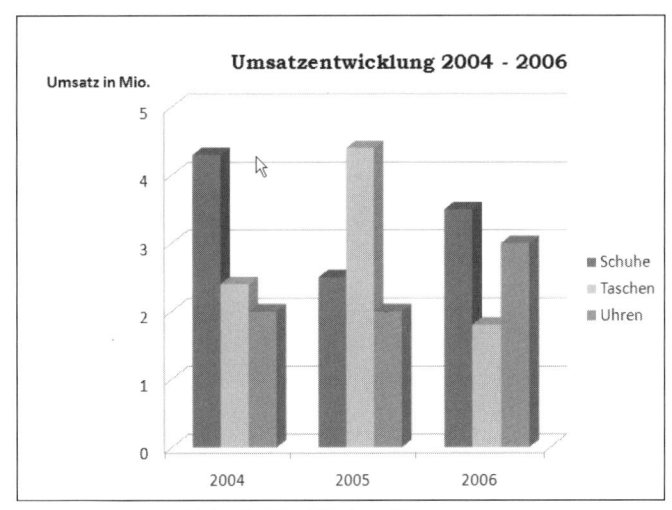

Abb. 7.19: Säulendiagramm

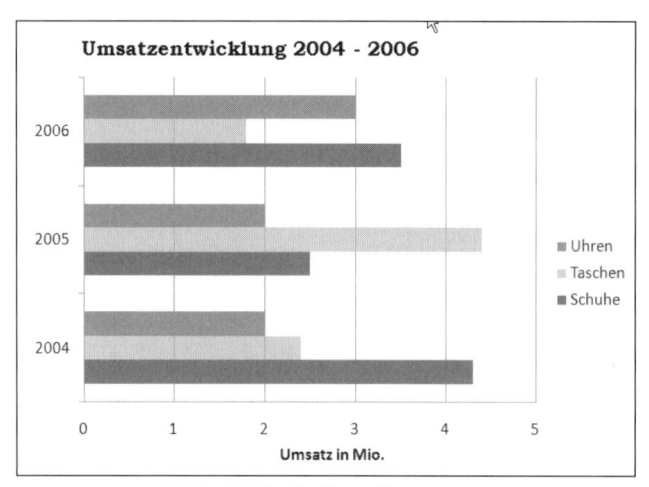

Abb. 7.20: Balkendiagramm

Torten- und Ringdiagramme

Ein *Tortendiagramm* (auch *Kuchen-* oder *Kreisdiagramm* genannt) eignet sich hervorragend dazu, ein Ganzes in seinen Anteilen zu zeigen. Die Anteile werden hierbei in Prozent umgerechnet und als Tortenstücke bzw. Segmente dargestellt. Sie können mit diesem Diagrammtyp beispielsweise die Umsatzanteile verschiedener Produkte am Gesamtumsatz eines Unternehmens veranschaulichen, wie wir es in den nachstehenden Beispieldiagrammen getan haben.

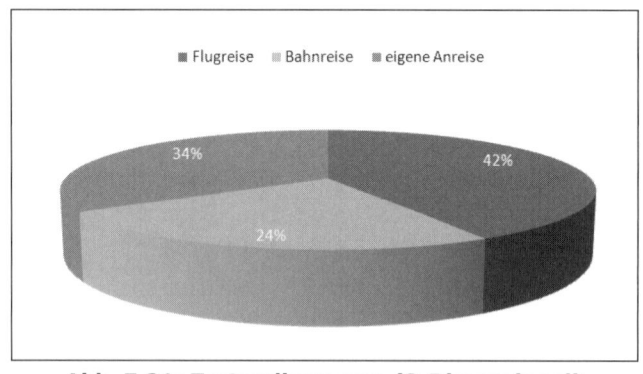

Abb. 7.21: Tortendiagramm (3-Dimensional)

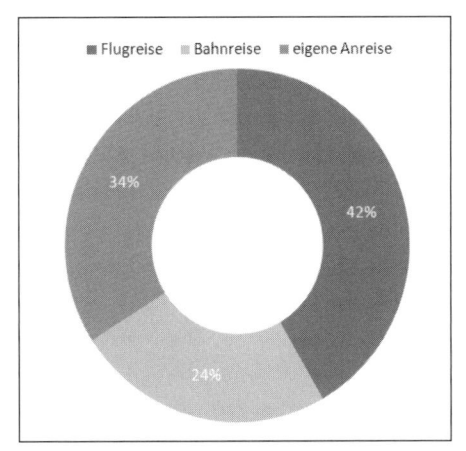

Abb. 7.22: Ringdiagramm

Linien- und Flächendiagramme

Das *Linien-* oder *Flächendiagramm* bietet sich an, wenn Entwicklungen oder Prozesse visualisiert werden sollen. Im Grunde ähnelt ein solches Diagramm dem Balken- oder Säulendiagramm, nur dass die Datenreihen hierbei durch miteinander verbundene Punkte dargestellt werden, was die mögliche darzustellende Datenmenge immens erhöht. Die Entwicklung von Aktienkursen wird beispielsweise in dieser Form dargestellt.

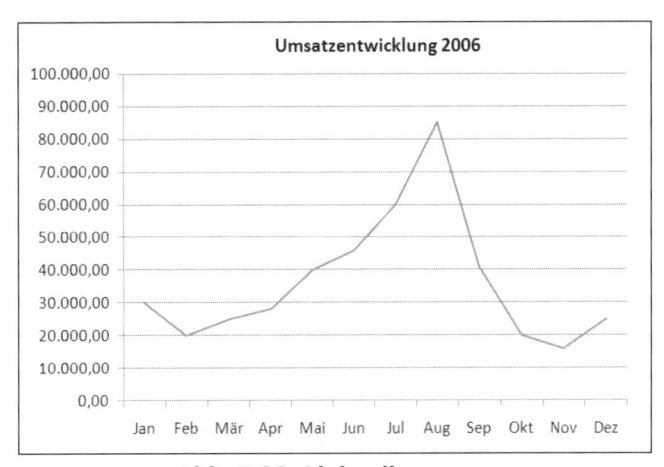

Abb. 7.23: Liniendiagramm

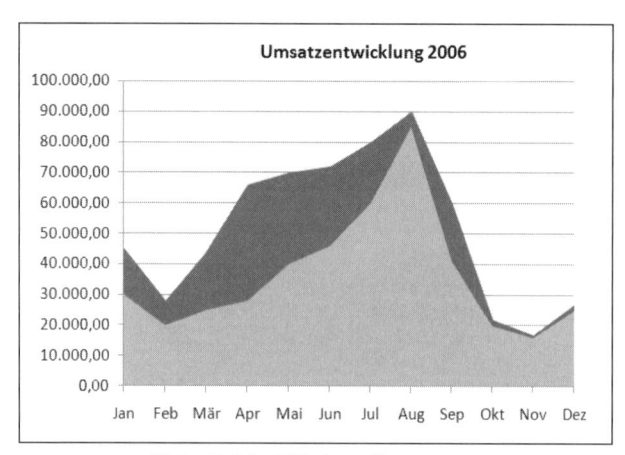

Abb. 7.24: Flächendiagramm

Daneben gibt es noch eine ganze Reihe weiterer Diagrammtypen, die Ihnen in PowerPoint zur Verfügung stehen. Die komplette Beschreibung aller Diagrammtypen würde den Rahmen dieses Buches sprengen; sehen Sie sich die übrigen Diagrammvarianten in aller Ruhe in PowerPoint an.

Diagramme in PowerPoint erstellen

Ein bereits vorhandenes Excel-Diagramm können Sie natürlich problemlos über die Zwischenablage in PowerPoint einfügen.

> **TIPP**
>
> Auch hier können Sie beim Einfügen wieder zwischen der statischen und der dynamischen/verknüpften Variante wählen, je nachdem, ob die Daten automatisch aktualisiert werden sollen oder nicht (siehe Abschnitt »Tabellen aus anderen Anwendungen einfügen«).

Sie können ein Diagramm aber auch direkt in PowerPoint erstellen.

Über die Registerkarte *Einfügen* wählen Sie die Schaltfläche *Diagramm* in der Aufgabengruppe *Illustrationen* aus.

Abb. 7.25: Schaltfläche *Diagramm* unter Registerkarte *Einfügen*

Im Auswahlfeld *Diagramm einfügen*, welches sich daraufhin öffnet, wählen Sie per Mausklick den gewünschten Diagrammtyp aus und bestätigen mit OK.

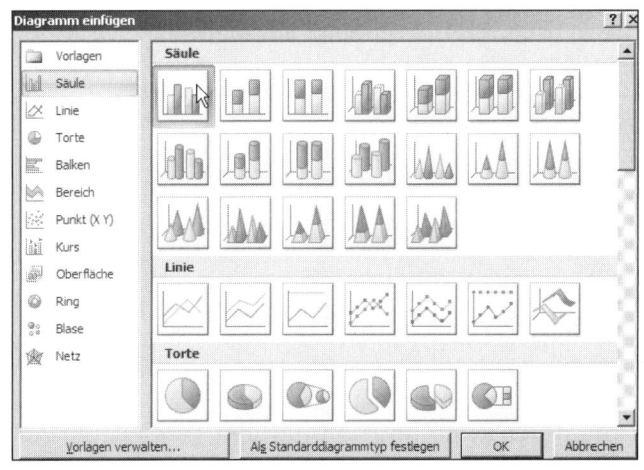

Abb. 7.26: Auswahlfeld *Diagrammtyp auswählen*

Auf dem Bildschirm sehen Sie danach zwei Fensterbereiche: auf der linken Seite das eingefügte Diagramm in PowerPoint sowie rechts daneben den Excel-Datenbereich, in dem Sie die Werte und Beschriftungen für Ihr Diagramm eingeben können (siehe Abbildung 7.27).

Während Sie im rechten Bereich über die volle Excel-Funktionalität verfügen, können Sie das Diagramm im linken Bereich mit den PowerPoint-Formatierungsoptionen bearbeiten. Beide Fenster können Sie jeweils zur vollen Bildschirmansicht maximieren (das jeweils andere Fenster befindet sich dann immer noch im Hintergrund). Klicken Sie das linke Fenster per Mausklick auf die Windows-Schaltfläche *Maximieren* zur maximalen Größe auf (siehe Abbildung 7.28).

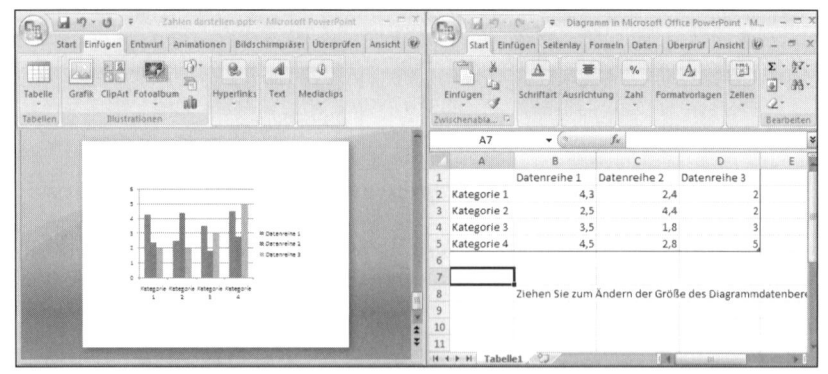

Abb. 7.27: Diagramm und Datentabelle

Abb. 7.28: Fenster maximieren

Unter dem Hinweis *Diagrammtools* oberhalb der Multifunktionsleise verfügen Sie nun über die diagrammbezogenen Registerkarten *Entwurf*, *Layout* und *Format* (siehe Abbildung 7.29). Klicken Sie diese Registerkarten der Reihe nach an, um die verfügbaren Aufgabengruppen darunter zu sehen.

Unter der Registerkarte *Entwurf* finden Sie in diesem Fall hauptsächlich die Formatierungsoptionen für das gesamte Diagramm. Sie können unter den *Diagrammvorlagen* mit einem Mausklick eine andere Formatvorlage wählen oder auch ein neues *Diagrammlayout*. Ebenso einfach können Sie unter der Aufgabengruppe *Typ* nachträglich einen ganz anderen passenden Diagrammtyp wählen (siehe Abbildung 7.29).

Unter der Registerkarte *Layout* (Abbildung 7.30) lassen sich die einzelnen Diagrammelemente bearbeiten.

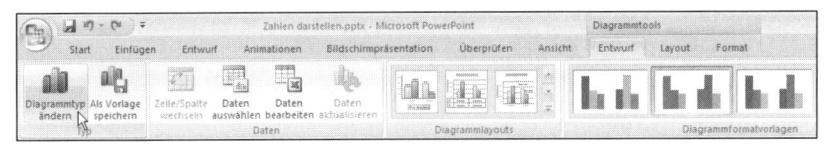

Abb. 7.29: Diagrammbezogene Registerkarte *Entwurf*

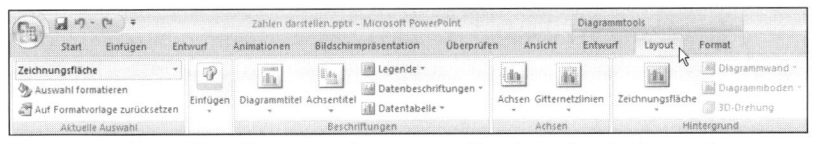

Abb. 7.30: Diagrammbezogene Registerkarte *Layout*

Sie können beispielsweise die Datenbeschriftungen ändern, einen Diagrammtitel hinzufügen oder auch bestimmen, ob eine Legende oben, unten oder neben dem Diagramm platziert werden soll.

Abb. 7.31: Legendenoptionen

Hinter der Registerkarte *Format* finden Sie beispielsweise die Aufgabengruppe *WordArt-Formate* wieder, die Sie auf alle zuvor markierten Textelemente eines Diagramms anwenden können. Aber auch die *Formeffekte* wie *Schatten* (unter der Aufgabengruppe *Formenarten*) können beispielsweise den zuvor markierten Säulen eines Säulendiagramms nachträglich zugewiesen werden.

Abb. 7.32: Diagrammbezogene Registerkarte *Format*

Sie sollten bei aktiviertem Diagramm auf der Folie die Maus einmal auf verschiedene Auswahlfelder und Optionen halten bzw. verschiedene Optionen anklicken. Dadurch bekommen Sie ein Gefühl dafür, was alles möglich ist.

Diagrammtitel hinzufügen

Um einem Diagramm eine Überschrift hinzuzufügen, öffnen Sie per Mausklick die Registerkarte *Layout* unter *Diagrammtools* (siehe Abbildung 7.30) und öffnen Sie das Auswahlfeld *Diagrammtitel*:

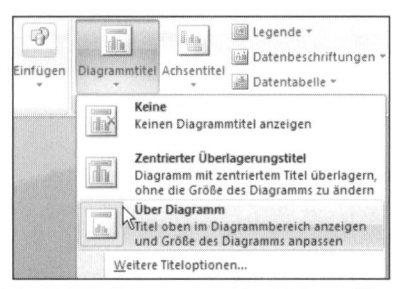

Abb. 7.33: Diagrammtitel hinzufügen

Wählen Sie dann eine der beiden Optionen aus:

⇨ *Zentrierter Überlagerungstitel* = Titel überlagert das Diagramm, was meist nicht gut aussieht, da der grafische Bereich überschrieben wird.

⇨ *Über Diagramm* = Besser, da der Titel oberhalb des Diagramms eingefügt wird. Das Diagramm wird dabei evtl. verkleinert.

Unter *Weitere Titeloptionen* finden Sie die PowerPoint-typischen Formatierungsoptionen für den Titel.

Diagramme bearbeiten

Richtig interessant wird es eigentlich jetzt erst, denn Sie können jedes Diagrammelement einzeln nachbearbeiten. Aus welchen bzw. aus wie vielen Elementen ein Diagramm besteht, hängt vom Diagrammtyp ab, die meisten jedoch enthalten folgende Bestandteile:

➪ *Diagrammtitel* (kann hinzugefügt und wieder entfernt werden).

➪ *Vertikale Achse* oder *Wertachse*: Enthält Größenangaben, wie z.B. Umsatzzahlen.

➪ *Horizontale Achse* oder *Kategorienachse*: Enthält Kategorien, wie z.B. Jahreszahlen oder Standorte.

➪ *Legende*: Namentliche Beschreibung der verschiedenen Mengen oder Entwicklungen in einem separaten Kasten innerhalb des Diagramms.

➪ *Datenbeschriftung*: Dient der schriftlichen Erläuterung von Datenreihen.

➪ *Diagrammbereich*: Enthält und umschließt die Diagrammelemente (siehe Abbildung 7.36).

➪ *Zeichnungsfläche*: (Bei eindimensionalen Diagrammen) Umfasst die grafischen Elemente (z.B. Säulen, Balken oder Tortensegmente), welche die Daten darstellen (siehe Abbildung 7.37). Die Größe der Zeichnungsfläche kann innerhalb der Diagrammfläche durch Mausziehen an den Ziehpunkten verändert werden.

➪ *Gitternetzlinien*: Unterstützen die Orientierung, besonders bei sehr vielen Datenreihen und großen Wertunterschieden. Sie können ein- oder ausgeblendet werden.

Die Elemente eines Diagramms können Sie unter den diagrammbezogenen Registerkarten *Format* und *Layout* in der Aufgabengruppe *Aktuelle Auswahl* auswählen und nachbearbeiten.

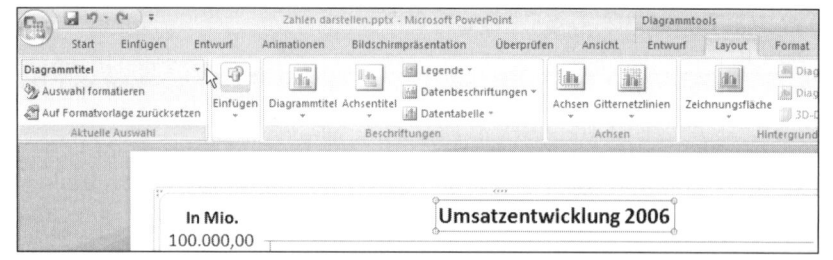

Abb. 7.34: Diagrammelement auswählen

Um sich zu verdeutlichen, wo sich die genannten Elemente innerhalb eines Diagramms befinden, öffnen Sie das Diagramm von der Buch-CD (Datei *Säulendiagramm.pptx*). Klicken Sie mit der Maus in das Diagramm und dann in der Multifunktionsleiste auf die Registerkarte *Layout* unter *Diagrammtools*. Öffnen Sie mit der Maus das Listenfeld in der Aufgabengruppe *Aktuelle Auswahl* (siehe Abbildung 7.34) und wählen Sie nacheinander verschiedene Diagrammelemente aus der Liste aus. Das ausgewählte Element wird jeweils auf der PowerPoint-Folie markiert (was Sie am deutlich sichtbaren Objektrahmen sehen können).

Wenn Sie nach der Auswahl eines Diagrammelements die Schaltfläche *Auswahl formatieren* anklicken, öffnet sich das dazugehörige Dialogfeld, welches die entsprechenden Formatierungsoptionen enthält.

Abb. 7.35: Auswahl formatieren

Diagrammtext formatieren

Die Textelemente eines Diagramms formatieren Sie am einfachsten auf diese Art:

⇨ Klicken Sie mit der Maus auf das Textelement beispielsweise den Diagrammtitel und dann nochmals direkt in den Text hinein.

⇨ Markieren Sie den Text durch Mausziehen oder die Tastenkombination [Strg] + [A].

⇨ Sie gelangen in das Menü für die Textformatierung entweder per rechtem Mausklick (Kontextmenü) oder über die Registerkarte *Start*.

Größe ändern

Die Größe des Diagrammbereichs auf der Folie ändern Sie, indem Sie den Diagrammbereich zunächst über die Auswahl der Diagrammelemente markieren wie oben beschrieben, und dann an den Ziehpunkten des Objektrahmens mit der Maus ziehen. Die Größe der Zeichnungsfläche können Sie innerhalb der Diagrammfläche auf die gleiche Weise verändern.

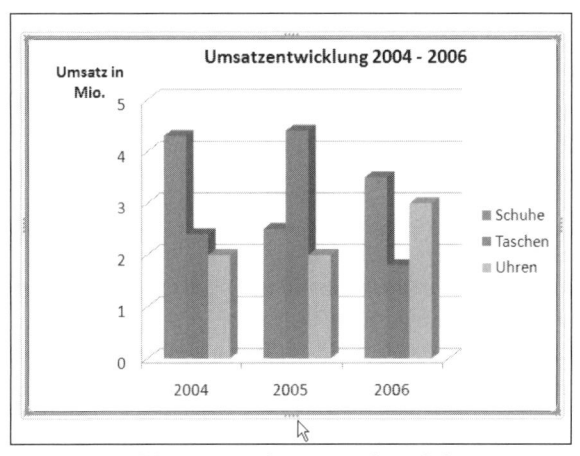

Abb. 7.36: Diagrammbereich

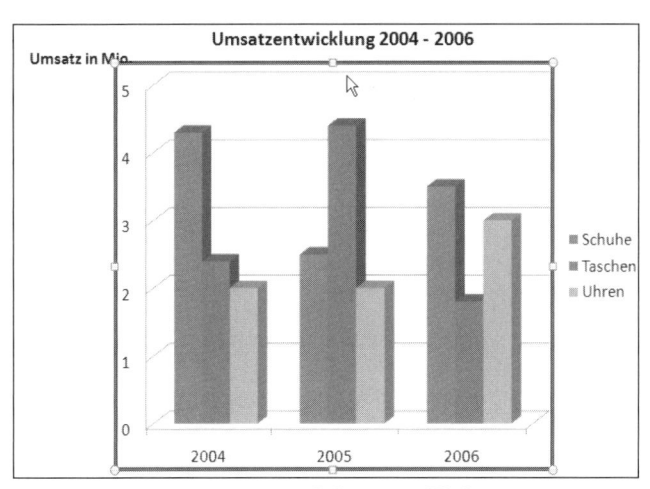

Abb. 7.37: Zeichnungsfläche

Zahlen präsentieren

> **TIPP**
>
> Sie können jedes Diagrammelement natürlich auch einfach per Mausklick markieren. Die Auswahl über das Listenfeld vereinfacht jedoch in einigen Fällen die korrekte Markierung.

Verschieben

Sobald der Mauszeiger einen gekreuzten Doppelpfeil zeigt, wenn Sie die Maus über ein Diagrammelement bewegen, können Sie das Element bei gedrückter Maustaste verschieben.

Einzelne Farben ändern

Die Farben der PowerPoint-Diagrammvorlagen werden Ihnen nicht immer gefallen oder entsprechen nicht der Corporate Identity Ihres Unternehmens. Sofern Sie nicht ohnehin mit einer verbindlichen Designvorlage arbeiten, die bereits in PowerPoint integriert wurde, können Sie die Farben eines Diagramms auch individuell ändern. Tun Sie dies bei der Datei *Säulendiagramm.pptx* von der Buch-CD folgendermaßen:

Klicken Sie eine der Säulen im Diagramm einmal mit der Maus an. Wie Sie sehen, wird dadurch automatisch die gesamte Datenreihe – in diesem Fall alle Säulen einer Warengruppe – markiert. (Durch einen zweiten Mausklick würde die einzelne Säule markiert.) Klicken Sie dann unter *Diagrammtools* auf die Registerkarte *Format*, um zur Aufgabengruppe *Formenarten* zu gelangen.

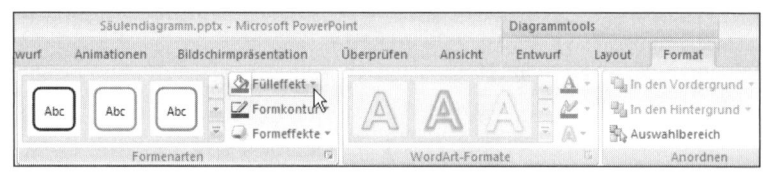

Abb. 7.38: Farben ändern

Unter der Option *Fülleffekt* können Sie nun eine neue Farbe für die Datenreihe auswählen.

Solcherart personalisierte Diagramme können Sie bei Bedarf Ihren Diagrammvorlagen hinzufügen, um bei der Erstellung weiterer Diagramme darauf zurückgreifen zu können. Sie speichern ein individuelles Diagramm als Vorlage einfach über die Schaltfläche *Als Vorlage speichern* in der Aufgabengruppe *Typ* unter der Diagrammbezogenen Registerkarte *Entwurf*:

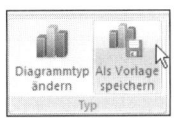

Abb. 7.39: Eigene Diagrammvorlagen hinzufügen

Achten Sie beim Speichern darauf, dass die Datei im Ordner *Charts* gespeichert wird. Beim Einfügen eines neuen Diagramms können Sie dann über den Befehl *Einfügen/Diagramm* im Dialogfeld *Diagrammtyp ändern* und dort im Ordner *Vorlagen* auf Ihre eigene Vorlage zugreifen.

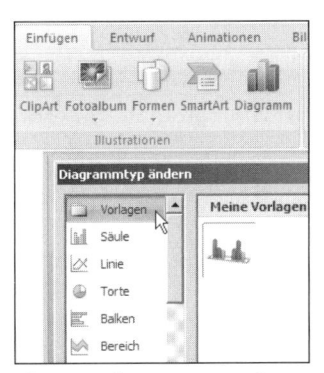

Abb. 7.40: Eigene Diagrammvorlage auswählen

Die Wirkung eines Diagramms manipulieren

Die Aussagekraft eines zahlenbasierten Diagramms resultiert aus den eingegebenen Daten in der Datentabelle. Aus dem höchsten und niedrigsten Wert dieser Tabelle ergibt sich zunächst automatisch die Skala der Wertachse in einem Diagramm.

Diese Achse lässt sich jedoch unterschiedlich skalieren, mit dem Ergebnis, dass Wertunterschiede im Diagramm größer oder geringer erscheinen.

Nehmen Sie beispielsweise die Datei *Säulendiagramm.pptx* von der Buch-CD. Markieren Sie die vertikale Wertachse per Auswahl aus dem Listenfeld und klicken Sie auf *Auswahl formatieren*. Sie öffnen damit das Dialogfeld *Achse formatieren*.

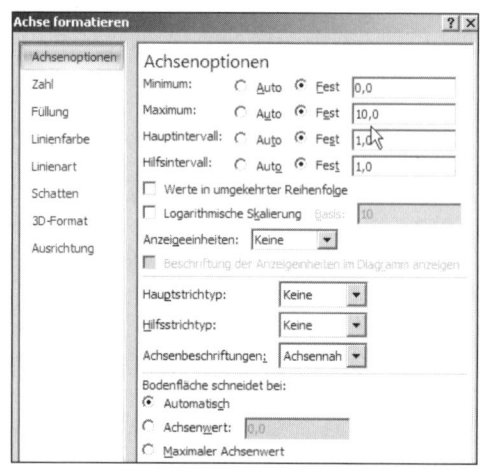

Abb. 7.41: Dialogfeld *Achse formatieren*

Geben Sie unter *Achsenoptionen* als *Maximum* den Wert 10 ein, um die Werteskala zu vergrößern und schließen Sie das Dialogfeld. Wie Sie sehen werden dadurch die Höhenunterschiede der Balken in unserem Diagramm deutlich relativiert.

Oder machen Sie es andersherum und verstärken Sie den Eindruck der Umsatzsteigerungen durch Eingabe eines höheren Wertes unter *Minimum*: Geben Sie hier beispielsweise 1,5 ein und schauen Sie sich wiederum das Ergebnis an. Sie sehen, wie auf diese Weise Ergebnisse optisch verharmlost oder dramatisiert werden können. Hier sehen Sie das Diagramm mit den unterschiedlich skalierten Achsen im Vergleich:

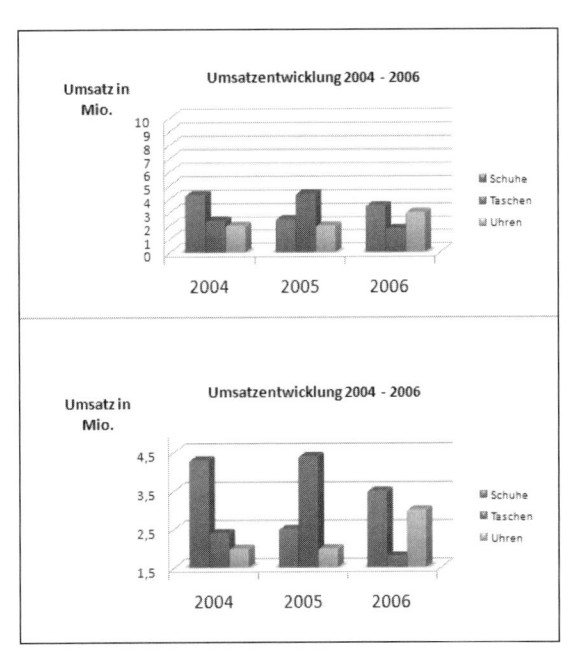

Abb. 7.42: Diagramm mit unterschiedlich skalierten Achsen im Vergleich

Zahlen präsentieren

8 SmartArt-Grafiken

Ziel des Kapitels

⇨ Schaubilder zur Visualisierung von Listen, Prozessen, Zyklen und Strukturen erstellen

Schritte zum Erfolg

⇨ Kennenlernen der unterschiedlichen SmartArt-Typen

⇨ Kennenlernen der spezifischen Eigenschaften verschiedener SmartArt-Grafiken

⇨ Folientext in SmartArt-Grafiken umwandeln

Zu den Elementen, die Sie unter der Registerkarte *Einfügen* in der Aufgabengruppe *Illustrationen* in eine Folie einfügen können, gehören auch die so genannten SmartArt-Grafiken.

Abb. 8.1: Schaltfläche *SmartArt*

Verschiedene Typen

Die SmartArts in PowerPoint sind Grafiken, mit deren Hilfe sich auf einfache und schnelle Art bildhaft z.B. Auflistungen, Abläufe, Zyklen und Strukturen darstellen lassen. Es gibt Grafiken für Text-Bild-Kombinationen und Grafiken, die ausschließlich für Textinhalt vorgesehen sind.

Wenn Sie unter der Registerkarte *Einfügen* auf die Schaltfläche *SmartArt* klicken, sehen Sie eine Liste der unterschiedlichen SmartArt-Typen oder -Kategorien im Überblick:

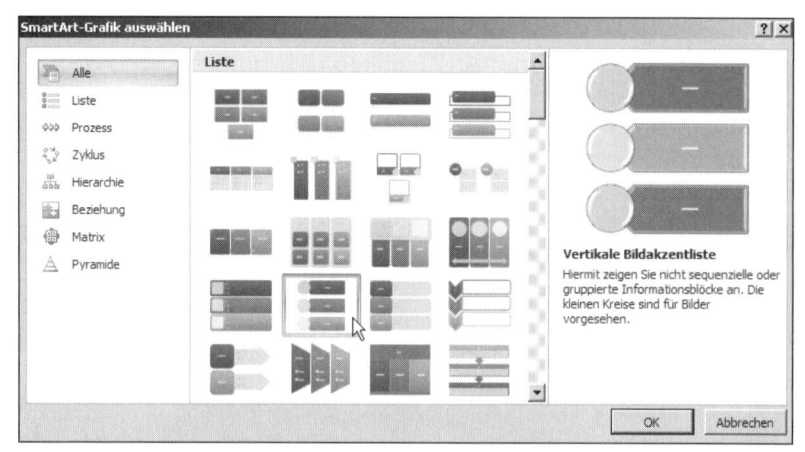

Abb. 8.2: SmartArt-Typen

Ganz links sind die SmartArt-Kategorien aufgelistet, daneben sehen Sie eine kleine Übersicht der verfügbaren SmartArts und im rechten Bereich erhalten Sie nähere Informationen zu der Grafik, die Sie im mittleren Bereich anklicken.

Für jeden SmartArt-Typ können wiederum etliche unterschiedliche Layouts ausgewählt werden, wie Sie später in diesem Kapitel noch sehen werden.

Sehen Sie hier zunächst verschiedene SmartArt-Typen im Überblick:

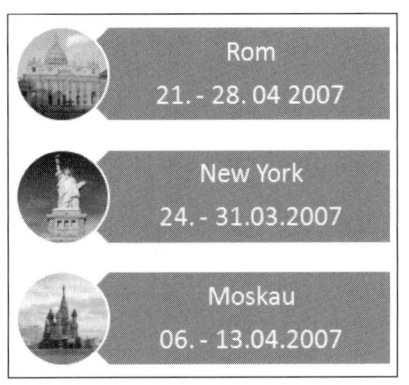

Abb. 8.3: SmartArt-Grafik *vertikale Bildakzentliste* aus der Kategorie *Liste*

Eine Listengrafik kann dazu dienen, Bilder in Aufzählungen mit einzubeziehen. Sie können den Aufzählungstext Ihrer Folien in solche Listen umwandeln und bei der Verwendung von Text-Bild-Layouts passende Bilder hinzufügen.

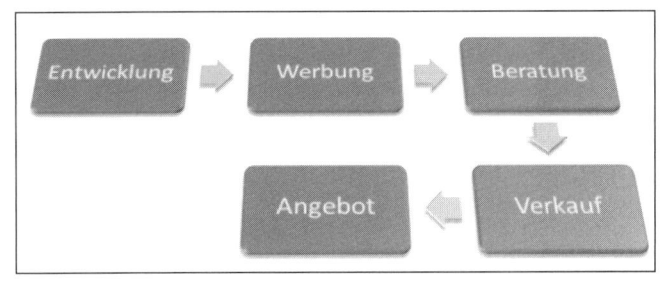

Abb. 8.4: SmartArt-Grafik aus der Kategorie *Prozess*

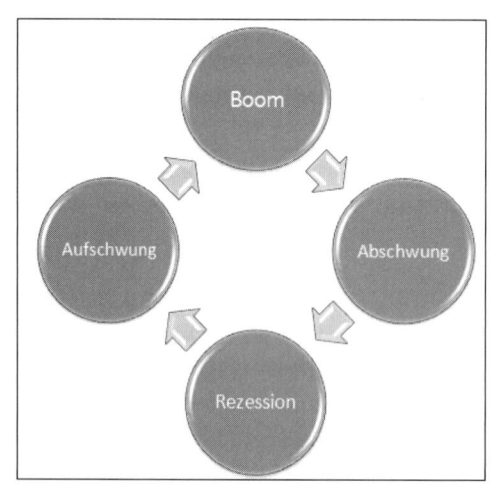

Abb. 8.5: SmartArt-Grafik aus der Kategorie *Zyklus*

Eine Zyklusgrafik unterstützt Sie beim Darstellen von wiederkehrenden Abläufen, ein klassisches Beispiel ist der hier dargestellte Konjunkturzyklus.

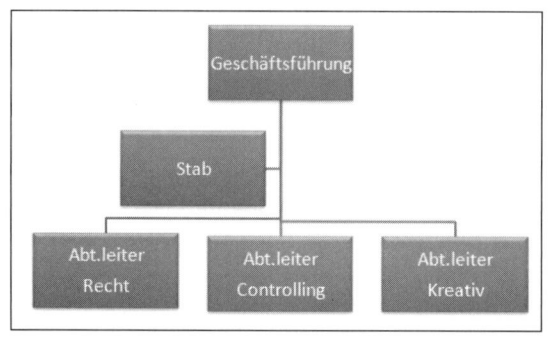

Abb. 8.6: SmartArt-Grafik aus der Kategorie *Hierarchie*

Das hier dargestellte Organigramm aus der Gruppe *Hierarchie* visualisiert z.B. Unternehmensebenen bzw. betriebliche Hierarchien (siehe Abbildung 8.7).

In solch einem Radial aus der Gruppe *Beziehung* lassen sich die Beziehungen einzelner Elemente zu einem Hauptelement verdeutlichen (siehe Abbildung 8.8).

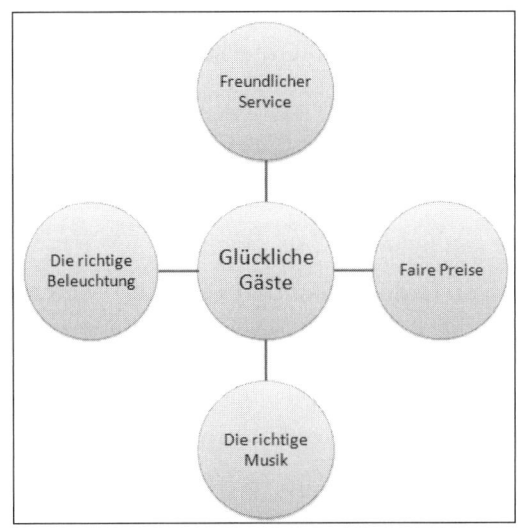

Abb. 8.7: SmartArt-Grafik aus der Kategorie *Beziehung*

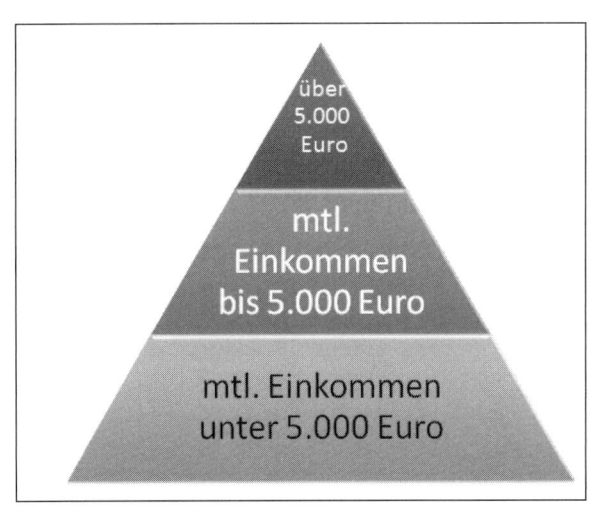

Abb. 8.8: SmartArt-Grafik aus der Kategorie *Pyramide*

In unserem Beispiel aus der Gruppe *Pyramide* werden gesellschaftliche Strukturen dargestellt. Mithilfe der Pyramide können aber auch aufeinander aufbauende Arbeitsprozesse oder Ressourcen gezeigt werden.

Bei der Verwendung der SmartArt-Grafiken sollten Sie immer die Textmenge berücksichtigen. Die meisten Grafiken eignen sich eher für kleinere Textmengen.

SmartArts bearbeiten

Folgendes ist bei allen SmartArts möglich:

⇨ Der gesamten Grafik ein anderes Layout zuweisen.

⇨ Mit einem Mausklick ein anderes Design anwenden.

Bei vielen SmartArts können Sie außerdem:

⇨ Die Grafik um ein weiteres Element erweitern.

⇨ Die Rangfolge der Elemente verändern

Sehen Sie anhand des nachfolgenden Beispiels, wie Sie eine SmartArt-Grafik verwenden und deren Erscheinungsbild anpassen können.

Ihr Ziel: Sie möchten die sich überlappenden Arbeitsbereiche verschiedener Abteilungen deutlich machen:

Aktivieren Sie auf der Multifunktionsleiste die Registerkarte *Einfügen* und klicken Sie mit der Maus auf die Schaltfläche *SmartArt*. Wählen Sie im Auswahlfeld *SmartArt auswählen* unter der Kategorie *Beziehung* die Grafik *einfaches Venn* aus und klicken Sie auf *OK*, um es in die Folie einzufügen:

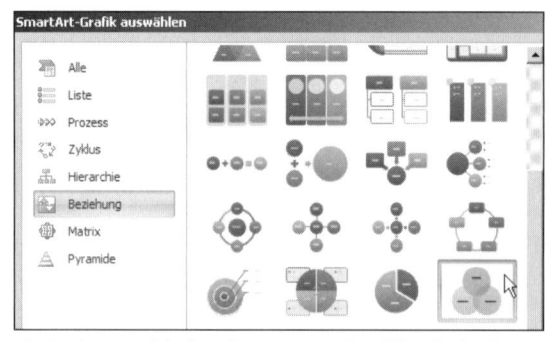

Abb. 8.9: Auswahl der SmartArt-Grafik *einfaches Venn*

Text innerhalb der SmartArts

Sie können Text auf verschiedene Weise eingeben.

⇨ Schreiben Sie einfach in die Formen des Venn-Diagramms hinein.

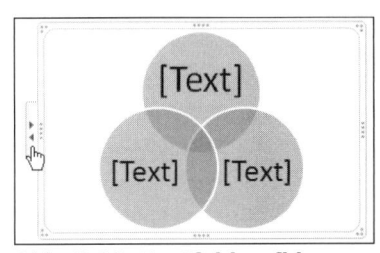

⇨ Klappen Sie die zur Grafik gehörende Textbox auf, indem Sie mit der Maus auf die beiden entgegengesetzten Pfeile am linken Rand der Grafik klicken.

Abb. 8.10: Textfeld aufklappen

Schreiben Sie dann nacheinander die Namen der unterschiedlichen Abteilungen (z.B. Abteilung Recht, Abteilung EDV, Abteilung Kreativ) in die Textzeilen. Ihr Text wird umgehend in die Grafik übernommen.

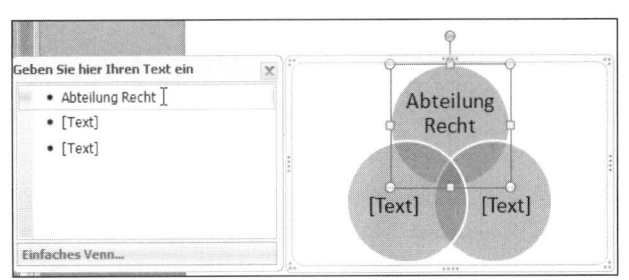

Abb. 8.11: Texteingabe über Textbox der SmartArt-Grafik

Sie werden feststellen, dass der Text, den Sie eingeben, der Form automatisch angepasst wird. Die Gesamtgröße der Grafik bleibt ungeachtet dessen bestehen, es sei denn, Sie verändern die Größe durch Mausziehen an den Rahmenziehpunkten.

Wenn Sie das Textfeld wieder ausblenden möchten, klicken Sie auf das X am rechten oberen Rand des Textfeldes.

Nach dem Einfügen einer SmartArt-Grafik sehen Sie am oberen Rand der Multifunktionsleiste den Hinweis *SmartArt-Tools* mit den beiden Registerkarten *Entwurf* und *Format*. Sie kennen die Einblendung von aufgabenbezogenen Registerkarten bereits von den Formen oder Tabellen.

SmartArt erweitern

Sie können dem Venn-Diagramm nun weitere Elemente (in diesem Fall=Abteilungen) hinzufügen, indem Sie die Grafik erweitern: Klicken Sie die SmartArt-bezogene Registerkarte *Entwurf* auf und danach mit der Maus auf die Schaltfläche *Form hinzufügen* am linken Rand der Registerkarte. Auf diese Weise wird dem Venn-Diagramm ein viertes Element hinzugefügt.

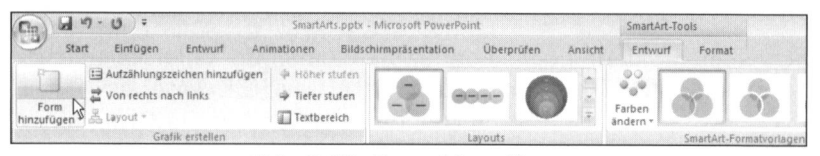

Abb. 8.12: Form hinzufügen

Selbstverständlich können Sie, wenn Sie weniger Elemente benötigen, auch Formen aus der Grafik entfernen. Klicken Sie hierzu einfach mit der Maus auf das Element, welches Sie entfernen möchten und drücken Sie die Entf -Taste. Die übrigen Grafikelemente werden in ihrer Größe und Anordnung automatisch angepasst.

Wenn Sie nach umfangreicher Bearbeitung einer Grafik plötzlich feststellen, dass das Layout sich nicht mehr optimal eignet, wählen Sie unter der Aufgabengruppe *Layout* einfach ein anderes, geeigneteres Layout aus.

SmartArts Erscheinungsbild verändern

Um das Erscheinungsbild der ausgewählten Grafik zu verändern, wählen Sie in der Aufgabengruppe *SmartArt-Formatvorlagen* unter der Registerkarte *SmartArt-Tools/Entwurf* einfach eine andere Formatvorlage aus. Diese Formatvorlagen verfügen bereits über verschiedene Effekte wie 3D-Effekte oder Abschrägungen, die Sie per Mausklick auf die gesamte Grafik anwenden können.

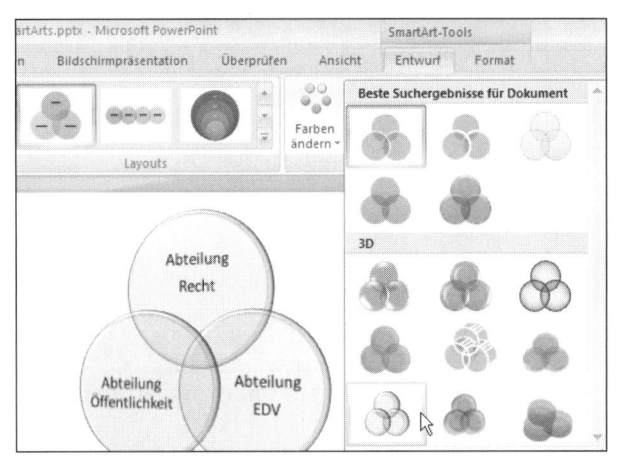

Abb. 8.13: SmartArt-Formatvorlagen

Unter der *SmartArt-Tools*-Registerkarte *Format* (siehe Abbildung 8.12) können Sie Texte und Formen der Grafik formatieren. Da die einzelnen Elemente der SmartArts nichts anderes als die in Kapitel 5 beschriebenen Formen sind, gelten für die Bearbeitung dieser Elemente ebenfalls die in Kapitel 5 beschriebenen Vorgehensweisen, wie z.B. für das Füllen einer Form mit Farbe oder für die Veränderung der Formkontur. Auch für Text innerhalb der SmartArt-Grafiken gelten sämtliche Formatierungsoptionen, die in PowerPoint unter der Registerkarte *Start* oder hier unter den *SmartArt-Tools* unter der Registerkarte *Format* zu finden sind.

Markieren Sie beispielsweise eine SmartArt-Grafik, die Text enthält und klicken Sie die SmartArt-bezogene Registerkarte *Format* in der Multifunktionsleiste auf. Halten Sie den Mauszeiger auf unterschiedliche Formatvorlagen in der Aufgabengruppe *WordArt-Formate* und beobachten Sie, wie sich der Text in der Grafik verändert.

Wenn Sie statt der ganzen SmartArt-Grafik nur ein Teilelement (hier z.B. einen Kreis) per Mausklick markieren, werden die Formatierungen ausschließlich auf dieses Element angewendet.

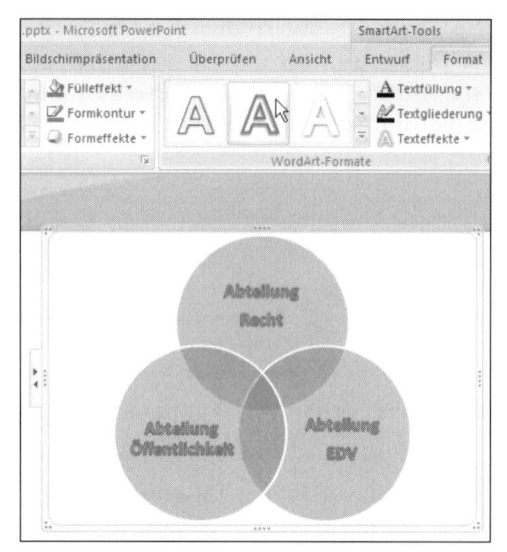

Abb. 8.14: WortArt in SmartArt-Grafik

Text in SmartArt umwandeln

Folientext in Ihrer Präsentation können Sie eindrucksvoll visualisieren, indem Sie ihn in eine passende SmartArt-Grafik umwandeln. Öffnen Sie hierzu die Folie *Text in SmartArt konvertieren.pptx* von der Buch-CD.

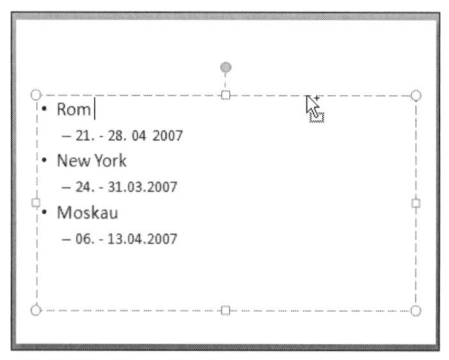

Abb. 8.15: Folie *Text in SmartArt konvertieren.pptx*

Wie Sie sehen, besteht der Text auf dieser Folie aus zwei Textebenen. Markieren Sie den Textrahmen per Mausklick und klicken Sie danach unter der Registerkarte *Start* in der Aufgabengruppe *Absatz* auf die Schaltfläche *in SmartArt konvertieren*.

Abb. 8.16: Schaltfläche *in SmartArt konvertieren*

Wählen Sie nun die Grafik *vertikale Bildakzentliste* aus und sehen Sie, was mit dem Folientext geschieht. Die Folie sieht nun so aus:

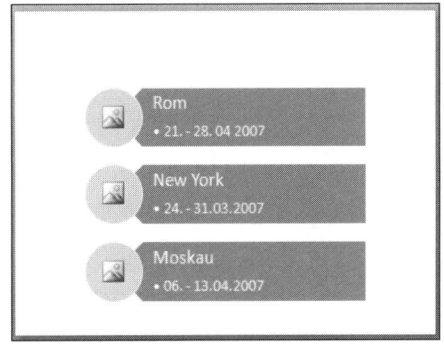

Abb. 8.17: Beispielfolie nach Konvertieren des Textes in SmartArt-Grafik *vertikale Bildakzentliste*

Fügen Sie jetzt in die runden Bildplatzhalter am linken Rand die entsprechenden Bilder von der Buch-CD (im Ordner *Bilder/Rom.jpg* bzw. *New York.jpg* bzw. *Moskau.jpg*) ein. Wenn Sie mit der Maus einmal auf das Bildsymbol innerhalb der Bildplatzhalter klicken, öffnet sich der Datei-Manager, in dem Sie diese Bilder auswählen und per Doppelklick einfügen können.

Um der Grafik noch ein wenig mehr Leben einzuhauchen, könnten Sie beispielsweise einen Schatteneffekt auf die Formen anwenden, die den Text enthalten. Markieren Sie sie dazu folgendermaßen:

⇨ Klicken Sie die erste Form mit dem Inhalt der Rom-Daten an, um sie zu markieren.

⇨ Halten Sie die ⇧-Taste gedrückt und markieren Sie per Mausklick auch die zweite und dritte Form.

⇨ Jetzt, wo alle drei Formen markiert wurden, öffnen Sie unter der Aufgabengruppe *Zeichnung* unter der *Start*-Registerkarte das Feld *Formeffekt* und wählen aus der Kategorie *Schatten* einen Schatteneffekt für die drei Formen aus.

Abb. 8.18: Schaltfläche *Formeffekte*

Die Grafik könnte nun je nach gewähltem Schatteneffekt so aussehen:

Abb. 8.19: SmartArt mit Bildern und Schatteneffekt

Versuchen Sie auch andere Effekte für die Formen: Füllen Sie sie beispielsweise mit anderen Farben oder Farbverläufen oder wenden Sie einen Formeffekt auf die runden Formen an.

Aufzählungszeichen in SmartArts

Beim Konvertieren von Folientext in SmartArts dienen die Aufzählungszeichen als Information, wie diese in der Grafik angeordnet werden. Die SmartArt-Grafiken übersetzen diese Aufzählungszeichen auf unterschiedliche Weise. Ein Aufzählungszeichen kann entweder als Form oder als Aufzählungspunkt innerhalb einer Form dargestellt werden.

Bei Grafiken, denen innerhalb der einzelnen Formen Aufzählungszeichen hinzugefügt werden können, sehen Sie in der Multifunktionsleiste (unter der SmartArt-bezogenen Registerkarte *Entwurf* in der Aufgabengruppe *Grafik erstellen*) die Schaltfläche *Aufzählungszeichen hinzufügen*. Wenn diese Schaltfläche nicht aktiv ist, handelt es sich um eine Grafik, der keine Aufzählungszeichen hinzugefügt werden können.

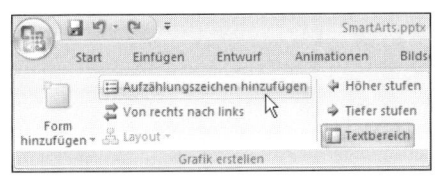

Abb. 8.20: Aufzählungszeichen hinzufügen

9 Grafiken und Bilder

Ziel des Kapitels

⇨ Der geschickte Umgang mit Bildern in Präsentationen

Schritte zum Erfolg

⇨ Wann welcher Bildstil?
⇨ Verschiedene Grafikformate und ihre Vor- und Nachteile
⇨ Unterschiedliche Wege beim Einfügen von Bildern und Grafiken

Unterschiedliche Bildstile und ihre Wirkung

Damit die Inhalte einer Präsentation vom Betrachter bestmöglich aufgenommen werden können, sind geeignete Bildelemente wichtig, die die Textinformationen auflockern oder unterstreichen. Zu lange Textpassagen ermüden und überfordern ebenso wie zu viel Zahlenmaterial oder zu viele Informationen auf einer Folie.

Meist reicht es jedoch nicht aus, einfach hier und da ein Bild zu platzieren. Damit Ihre Präsentation professionell und ausgewogen wirkt, sollten Sie einige Dinge beachten:

Der Stil der verwendeten Bilder sollte zum Inhalt passen. Während sich mit Fotos z.B. eine bestimmte Atmosphäre gut vermitteln lässt, sind für technische Erklärungen Zeichnungen meist besser geeignet, da diese sachlicher wirken. Dann gibt es Zeichnungen, die leicht und heiter wirken und solche, die eher ernst oder vielleicht besonders konservativ daherkommen.

Bei den folgenden drei Bildstilen können Sie die unterschiedliche Stimmung bzw. das unterschiedliche Image, welches hier vermittelt wird, sofort erkennen:

Abb. 9.1: Bildstil 1

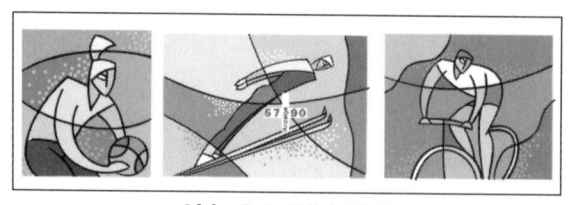

Abb. 9.2: Bildstil 2

Abb. 9.3: Bildstil 3

Ein einheitlich gewählter Bildstil trägt dazu bei, der Präsentation ein stimmiges Aussehen zu verleihen, und unterstützt damit die professionelle Wirkung.

Abgesehen von der Bildatmosphäre stellt sich auch die Frage, welches Ziel mit der Präsentation verfolgt werden soll: Dass sich Fotos besser als Grafiken dazu eignen, ein Restaurant zu vermarkten und dass Cartoons dem seriösen und ernsthaften Charakter einer Bilanz eher hinderlich sind, ist vermutlich jedem klar.

Ein weiterer wichtiger Punkt ist, dass die gewählten Bilder nicht zu detailliert und kompliziert sein sollten. Wenn die Bilder in einer Präsentation nicht schnell und leicht zu verstehen sind, lenken sie zu sehr vom Inhalt ab, da der Betrachter viel von seiner Konzentration darauf verwenden muss. Oder sie werden – aus dem gleichen Grund – nicht beachtet, was ja auch nicht der Sinn der Sache ist.

Grafikformate

Um bei der Verwendung von Bildern keine unerwünschten Überraschungen zu erleben, sollte man ein paar Dinge wissen.

Bitmap-Grafiken

Bitmaps beanspruchen relativ viel Speicherplatz und haben den Nachteil, dass sie nicht sauber vergrößert werden können. Bei der Vergrößerung eines Bitmaps fehlen die entsprechenden Informationen zum Ausfüllen der durch die Vergrößerung entstehenden Freiflächen. Hierdurch werden die Bildpunkte, aus denen eine Grafik besteht, sichtbar bzw. das Bild wird verzerrt.

JPEG

JPEGs (**J**oint **P**hotographic **E**xperts **G**roup) sind eigentlich auch Bitmaps, allerdings in komprimiertem Zustand; sie benötigen also weniger Speicherplatz. Der Vorteil beim JPEG ist außerdem, dass 16 Millionen Farben dargestellt werden können, weshalb sie sich besonders gut für Fotos eignen.

Vektorgrafiken

Vektorgrafiken bestehen nicht aus Bildpunkten, sondern aus Linien, Kurven und Flächen, die beim Vergrößern angepasst werden können. Dadurch werden die Bilder beim Vergrößern nicht verzerrt, die Bildqualität leidet also nicht. Ein weiterer Vorteil gegenüber dem Bitmap-Format ist, dass Vektorgrafiken weniger Speicherplatz benötigen. Sämtliche Formen in PowerPoint sind übrigens Vektorgrafiken.

GIF

GIF-Dateien (**G**raphics **I**nterchange **F**ormat) können verlustfrei komprimiert werden, es gehen also keine Daten verloren. Das Format eignet sich gut für Illustrationen, aber nur bedingt für Fotos, da hier nur 256 Farben dargestellt werden können.

Verwendbare Grafikformate in PowerPoint

Die folgenden Dateiformate können auf direktem Weg in PowerPoint eingefügt und dargestellt werden:

- ⇨ EMF (**E**nhanced **M**etafile)
- ⇨ GIF (**G**raphics **I**nterchange **F**ormat)
- ⇨ JPEG (**J**oint **P**hotographic **E**xperts **G**roup)
- ⇨ PNG (**P**ortable **N**etwork **G**raphics)
- ⇨ BMP, RLE, DIB (Microsoft Windows **Bit**m**ap**)
- ⇨ TIF (**T**agged **I**mage **F**ile Format)

⇨ PCT (Macintosh **PICT**)

⇨ VML (**V**ector **M**arkup **L**anguage)

⇨ CGM (**C**omputer **G**raphics **M**etafile)

Daneben können weitere Grafikformate verwendet werden, für die jedoch evtl. ein entsprechender Grafikfilter vonnöten sein kann.

Clip Organizer

Über die Registerkarte *Einfügen* und die Schaltfläche *ClipArt* gelangen Sie zu den ClipArts in PowerPoint.

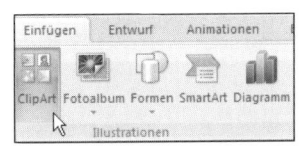

Abb. 9.4: Schaltfläche *ClipArt* unter Registerkarte *Einfügen*

Hier finden Sie eine Sammlung katalogisierter Bilder (Fotos, Zeichnungen und animierte GIFs) und Videodateien, die Sie Ihren Präsentationen hinzufügen können. Neben der standardmäßig bereits integrierten Office-Sammlung haben Sie hier auch Zugriff auf die Online-ClipArts von Microsoft und können außerdem dem Clip Organizer eigene Bilder hinzufügen.

> **TIPP**
>
> Die ClipArts können Sie auch außerhalb von PowerPoint verwenden. Über *Programme / Microsoft Office / ClipArt* haben Sie direkten Zugriff auf die Bilder im Clip Organizer.

Um in PowerPoint ein Bild aus den ClipArts auszuwählen, klicken Sie unter der Registerkarte *Einfügen* auf die Schaltfläche *ClipArt*. Es öffnet sich daraufhin am rechten Bildschirmrand der Aufgabenbereich *ClipArt*:

Abb. 9.5: Aufgabenbereich *ClipArt*

Im Feld *Suchen nach* können Sie nach Bildern zu einem bestimmten Thema suchen. Wenn Sie z.B. Sonne eingeben, werden Ihnen alle verfügbaren Bilder mit dem Stichwort/Schlüsselwort »Sonne« angezeigt. Mehr zur Verwendung von Schlüsselwörtern erfahren Sie gleich im Absatz »ClipArts einfügen« in diesem Kapitel.

Bilder finden

Um schneller die von Ihnen gewünschten Ergebnisse zu finden, können Sie die Suche weiter einschränken. Unter dem Listenfeld *Ergebnisse* lässt sich die Suche auf bestimmte Medienformate beschränken. Sie können beispielsweise ausschließlich nach Fotos zu einem Thema suchen, dann werden Ihnen weder Zeichnungen noch andere Dateien, die keine Fotos sind, angezeigt. In diesem Fall klicken Sie die Häkchen vor den anderen Medienformaten einfach mit der Maus weg.

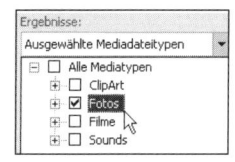

Abb. 9.6: Mediatyp auswählen

Wenn Sie das Pluszeichen vor *ClipArt* oder *Fotos* aufklicken, können Sie Ihre Suche weiter verfeinern, indem Sie die Grafikformate auswählen bzw. ausschließen, nach denen gesucht werden soll.

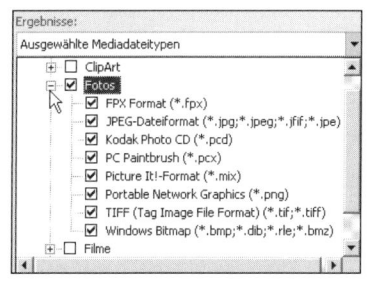

Abb. 9.7: Grafikformate bei der Suche nach Bildern ausschließen

ClipArts einfügen

Um ein Bild aus dem Clip Organizer in die Folie einzufügen, klicken Sie es einfach an und ziehen es bei gedrückter Maustaste auf die Folie. Wenn Sie vor dem Einfügen in die Folie mehr über das Bild erfahren wollen, beispielsweise wie viel Speicherplatz es benötigt, klicken Sie das Bild an und dann auf den schwarzen, nach unten gerichteten Pfeil am rechten Rand des Vorschaubildes.

Im sich öffnenden Menü klicken Sie auf die Option *Vorschau/Eigenschaften* und sehen dann neben einer vergrößerten Dar-

Abb. 9.8: *Bildvorschau/Eigenschaften*

Grafiken und Bilder

stellung des Bildes die Dateigröße, die Pixelanzahl sowie die diesem Bild zugeordneten *Schlüsselwörter*. Diese Schlüsselwörter dienen dem Auffinden des Bildes, wenn Sie ein Suchwort eingeben. Sie können die Schlüsselwörter zu jedem Bild selbst bestimmen, indem Sie eigene Schlüsselwörter eingeben, von denen Sie glauben, dass sie Ihnen die spätere Suche nach geeigneten Motiven erleichtern werden. Dies ist unter der Schaltfläche *Schüsselwörter bearbeiten* möglich.

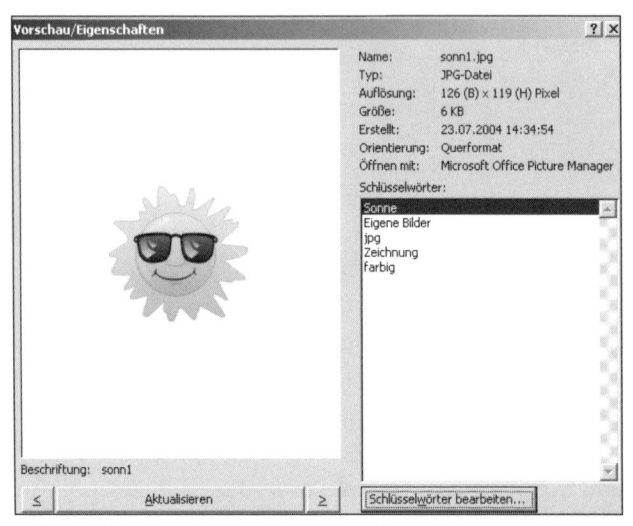

Abb. 9.9: Das Dialogfeld *Vorschau/Eigenschaften*

Eigene Bilder dem Clip Organizer hinzufügen

Um eigene Bilder, die sich auf Ihrem Computer befinden, zur Clip-Art-Sammlung hinzuzufügen, klicken Sie im Aufgabenbereich *Clip-Art* (siehe Abbildung 9.5) unten auf die Schaltfläche *Organisieren von Clips*.

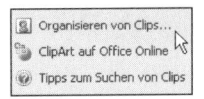

Abb. 9.10: Schaltfläche *Organisieren von Clips*

Es öffnet sich das Fenster *Microsoft Clip Organizer*. Wählen Sie hier unter dem Menü *Datei* die Option *Clips zum Organizer hinzufügen* aus und klicken Sie auf *Manuell*, um anschließend im Datei-Manager ein Bild von Ihrem Computer auszuwählen.

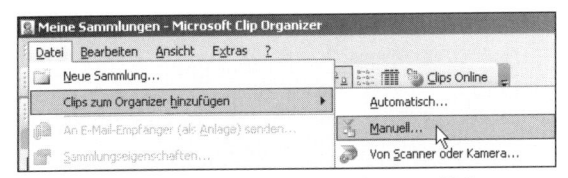

Abb. 9.11: Bilder manuell auswählen

Nach Mausklick auf die Schaltfläche *Hinzufügen zu* können Sie bestimmen, in welchem Ordner Ihrer Clip-Sammlungen das Bild gespeichert werden soll. Es empfiehlt sich, direkt im Anschluss geeignete Schlüsselwörter für das Bild einzugeben, um es bei einer späteren Suche leicht aufzufinden.

10 Animationen

Ziel des Kapitels

⇨ Mit sinnvollen Animationen positive Aufmerksamkeit erregen

Schritte zum Erfolg

⇨ Folienübergänge genauer kennenlernen
⇨ Texte und andere Objekte auf der Folie animieren
⇨ Kennenlernen von Effekten und Animationsschemas
⇨ Eigene Animationspfade zeichnen

Bewegte Bilder können in manchen Präsentationen sinnvoll sein. Das Ziel von *Animationen* ist meist, Inhalte zu betonen und nicht, sie zu verdrängen. Es kommt hier im Wesentlichen darauf an, aus der Fülle der Animationsmöglichkeiten die jeweils geeigneten Varianten wirkungsvoll einzusetzen. Keinesfalls sollten Sie sich von der verführerischen Vielfalt der Möglichkeiten dazu verleiten lassen, eine Präsentation mit Animationen und Effekten zu überladen.

Wenn Sie Animationen gekonnt einsetzen, können Sie die Wirkung einer Präsentation positiv verstärken, ohne eventuell zu verspielt oder ungewollt unseriös zu wirken.

Folienübergänge

Mithilfe der *Folienübergänge* in PowerPoint gestalten Sie die Seitenwechsel innerhalb der Präsentation. Je nach Inhalt und beabsichtigter Wirkung der Präsentation können diese Seitenwechsel sanfter oder abrupter verlaufen, ruhig oder spektakulär.

Öffnen Sie die Beispielpräsentation *Folienübergänge.pptx* von der Buch-CD. Dann klicken Sie mit der Maus auf die Registerkarte *Animationen* in der Multifunktionsleiste.

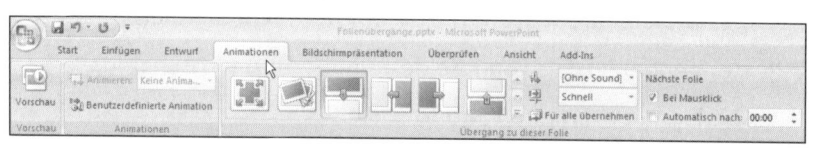

Abb. 10.1: Registerkarte *Animationen*

In der Aufgabengruppe *Übergang zu dieser Folie* sehen Sie einige Symbole für Folienübergänge. Wenn Sie die Maus auf ein Symbol halten, sehen Sie den entsprechenden Effekt sofort auf der Folie. Über den kleinen, nach unten zeigenden Pfeil (siehe Abbildung 10.2) öffnen Sie das Vorschaufenster und sehen alle verfügbaren Folienübergänge in Form kleiner Symbolbildchen.

Abb. 10.2: Vorschaufenster für Folienübergänge öffnen

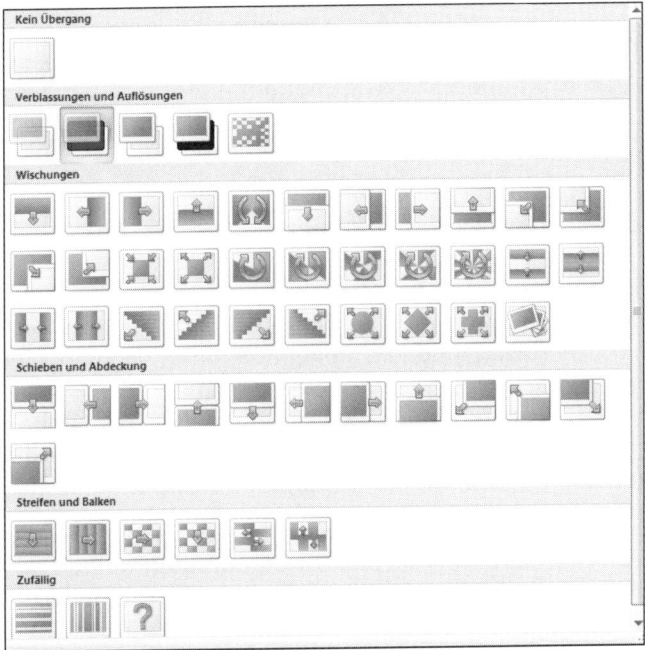

Abb. 10.3: Vorschaufenster mit allen Folienübergängen

Gleich daneben lässt sich im Listenfeld *Übergangsgeschwindigkeit* eine von drei Geschwindigkeiten für das Erscheinen der Folien auswählen: *Langsam*, *Mittel* oder *Schnell*. Rechts daneben unter der Überschrift *Nächste Folie* können Sie bestimmen, nach welcher Zeitspanne zur nächsten Folie gewechselt werden soll.

Abb. 10.4: Übergangsgeschwindigkeit einstellen

Die hier vorgenommenen Einstellungen gelten zunächst einmal für die aktuell ausgewählte Folie.

> **TIPP**
>
> Wenn Sie denselben Folienübergang für die gesamte Präsentation oder zumindest für viele Folien einrichten wollen, klicken Sie anschließend auf die Schaltfläche *Für alle übernehmen*. Für einzelne Folien, die einen hiervon abweichenden Folienübergang erhalten sollen, stellen Sie anschließend den gewünschten Übergang separat ein.

Ein in das Feld *Bei Mausklick* gesetztes Häkchen bewirkt, dass die jeweils nächste Folie erst dann erscheint, wenn der Betrachter der Präsentation einmal mit der Maus klickt. Bei einer automatisch ablaufenden Präsentation müssen Sie ein Häkchen in das Feld *Automatisch nach* setzen und die Sekunden oder Minuten eingeben, nach deren Ablauf die nächste Folie erscheinen soll. Dies können Sie entweder manuell durch Überschreiben der Zeitangabe (in Abbildung 10.4 = 00:00) tun oder Sie klicken so lange auf den nach oben gerichteten Pfeil, bis die gewünschte Zeitspanne erreicht ist.

Die Beispieldatei *Folienübergänge.pptx*, die Sie von der Buch-CD geöffnet haben, wurde von uns als automatisch ablaufende Datei erstellt. Um sich einige Folienübergänge und hinterher die Einstellungen dazu anzusehen, starten Sie zunächst die Präsentation über die Schaltfläche *Bildschirmpräsentation* unterhalb des Dokumentfensters auf Ihrem PowerPoint-Bildschirm.

Abb. 10.5: Schalfläche *Bildschirmpräsentation*

Sie sehen nun die verschiedenen Folienübergänge der Beispielpräsentation. Als Übergangsgeschwindigkeit haben wir jeweils *Langsam* und als Zeitspanne bis zur nächsten Folie jeweils 2 Sekunden gewählt. Mit [Esc] können Sie die laufende Bildschirmpräsentation jederzeit abbrechen und zu Ihrem vorherigen Arbeitsbereich zurückkehren.

Wieder zurück in der Normalansicht können Sie über die Schaltfläche *Vorschau* ganz links unter der Registerkarte *Animationen* den Folienübergang für jede Folie im Folienfenster kontrollieren und gleichzeitig im Aufgabenbereich *Übergang zu dieser Folie* (siehe Abbildung 10.4) die entsprechenden Parameter bzgl. Geschwindigkeit und Anzeigedauer sehen und verändern.

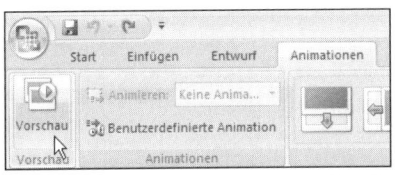

Abb. 10.6: Schaltfläche *Vorschau* zur Kontrolle der Folie im Dokumentfenster

> **TIPP**
>
> Die gesamte Präsentation können Sie jederzeit auch über die Taste [F5] ablaufen lassen. Um die Präsentation von einer bestimmten Folie aus starten zu lassen, nutzen Sie die Tastenkombination [⇧] + [F5].

Vordefinierte und eigene Animationen

Texte und Objekte animieren

Wie Sie einzelne Textfelder unabhängig voneinander auf Ihren Folien erscheinen lassen oder einzelne Objekte besonders hervorheben können, erfahren Sie hier:

⇨ Öffnen Sie die Datei *Text animieren.pptx* von der Buch-CD.

⇨ Öffnen Sie die Registerkarte *Animationen* in der Multifunktionsleiste.

Wenn Sie nun mit der Maus auf die Schaltfläche *Benutzerdefinierte Animation* in der Aufgabengruppe *Animationen* klicken (siehe auch Abbildung 10.6), öffnet sich am rechten Bildschirmrand der Aufgabenbereich *Benutzerdefinierte Animation* (siehe Abbildung 10.7), in dem Sie den zuvor auf der Folie markierten Objekten verschiedene Effekte zuweisen können.

Markieren Sie mit der Maus das Textfeld mit den Aufzählungen auf der Folie und klicken Sie dann das Listenfeld *Effekt hinzufügen* auf (siehe Abbildung 10.8).

Hier sehen Sie vier grundsätzliche Effektkategorien, hinter denen sich jeweils zahlreiche weitere Optionen verbergen, wenn Sie den Mauszeiger darauf halten.

Abb. 10.7: Aufgabenbereich *Benutzerdefinierte Animation*

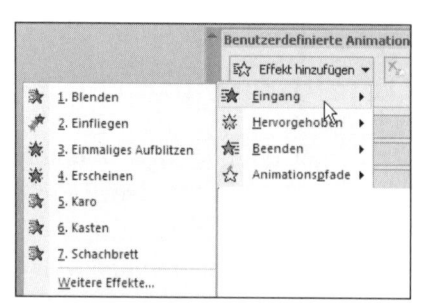

Abb. 10.8: Listenfeld *Effekt hinzufügen* mit verschiedenen Effekten

⇨ Über den Effekt *Eingang* können Sie Folienelemente auf unterschiedliche Art und Weise auf der Folie erscheinen lassen.

⇨ Mit dem Effekt *Hervorgehoben* können Sie Folienelemente zusätzlich betonen, z.B. indem Sie sie vergrößern lassen.

⇨ Über *Beenden* stellen Sie ein, dass und wie Folienelemente von der Folie verschwinden.

⇨ Die *Animationspfade* machen es möglich, dass sich Folienelemente auf vorgezeichneten Wegen auf der Folie bewegen. Sie können hier vordefinierte Formen, wie z.B. eine Kurve, wählen oder eigene Animationspfade z.B. von einem Objekt zu einem anderen zeichnen.

Texte animieren

Um zu erreichen, dass die Textzeilen im Textfeld nacheinander auf der Folie erscheinen, müssen Sie nicht jede Textzeile einzeln animieren. Verfahren Sie wie folgt:

Klicken Sie unter der Schaltfläche *Effekt hinzufügen* und der Kategorie *Eingang* auf den Effekt *Einfliegen*.

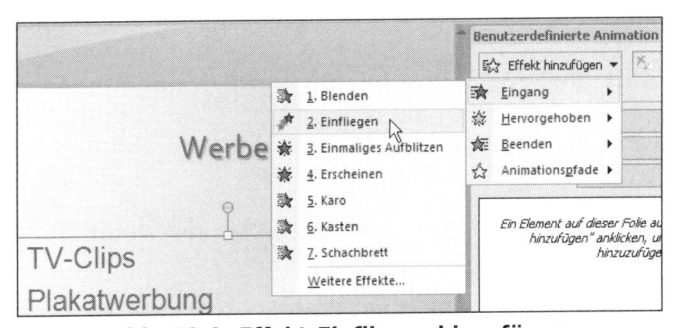

Abb. 10.9: Effekt *Einfliegen* hinzufügen

Der Effekt wird umgehend auf der Folie angezeigt. Beliebig oft können Sie den Effekt über die Schaltfläche Wiedergabe ▶ Wiedergabe (unten im Aufgabenfenster *Benutzerdefinierte Animation*, siehe Abbildung 10.7) in der Normalansicht auf der Folie kontrollieren. Dass die Textzeilen auf diese Weise nacheinander animiert werden, sehen Sie auch an der Durchnummerierung der Effekte innerhalb des Textfeldes.

Abb. 10.10: Nummerierte Effekte

Sie sehen die soeben erstellte Animation einschließlich zusätzlicher Listenfelder nun auch im Aufgabenbereich *Benutzerdefinierte Animation*. Über die Listenfelder *Starten*, *Richtung* und *Geschwindigkeit* können Sie jetzt weitere Einstellungen vornehmen.

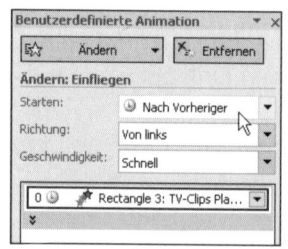

Abb. 10.11: Hinzugefügter Effekt im Aufgabenbereich *Benutzerdefinierte Animation*

Im Listenfeld *Starten* stellen Sie ein, wann die Animation starten soll:

⇨ *Beim Klicken*: Die Animation startet nach Mausklick.

⇨ *Mit Vorheriger*: Die Animation startet gleichzeitig mit der letzten Aktion -in diesem Fall dem Erscheinen der Folie.

⇨ *Nach Vorheriger*: Die Animation startet nach der letzten Aktion hier also nach dem Erscheinen der Folie.

Im Listenfeld *Richtung* geben Se an, aus welcher Richtung (von unten, von links etc.) die animierten Folienelemente in die Folie »einfliegen« sollen und unter *Geschwindigkeit* bestimmen Sie eine von fünf Geschwindigkeitsstufen für das Ablaufen der Animation.

Ohne weitere Eingaben fliegen die Textzeilen zu diesem Zeitpunkt direkt nacheinander in die Folie ein, was ein wenig hektisch wirkt. Um das Ganze etwas ruhiger zu gestalten, können Sie einen kleinen Zeitabstand zwischen den einzelnen Textzeilen eingeben:

Öffnen Sie das Animationsfeld per Mausklick auf den kleinen, nach unten gerichteten Pfeil am rechten Rand und wählen Sie wiederum per Mausklick die Option *Anzeigedauer* aus.

Abb. 10.12: Effektoptionen einstellen

Geben Sie unter der Registerkarte *Anzeigedauer* als Verzögerung 1,5 Sekunden ein und sehen Sie sich den Effekt auf der Folie an.

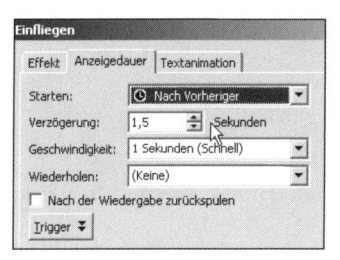

Abb. 10.13: Anzeigedauer einstellen

Wenn Sie hier im Dialogfeld *Einfliegen* die Registerkarte *Textanimation* öffnen, sehen Sie, dass im Feld *Text gruppieren* die Option *Bei 1. Abschnittsebene* ausgewählt ist. Da der vorliegende Text ausschließlich aus Aufzählungspunkten der ersten Textebene besteht, bewirkt diese Auswahl, dass die einzelnen Aufzählungspunkte (=Textzeilen) nacheinander erscheinen. (Wenn Sie hier z.B die Option *Als einzelnes Objekt* oder *Alle Absätze auf einmal* auswählen, erscheint der gesamte Text des Textfeldes in einem Schritt.)

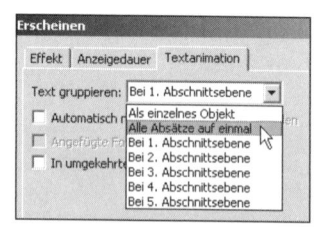

Abb. 10.14: Text effektabhängig gruppieren

Unter der Registerkarte *Effekt* können Sie dem soeben animierten Textfeld einen weiteren interessanten Effekt zuweisen. Um zu erreichen, dass die Textzeilen nach dem Einfliegen farbig abgeblendet werden, wählen Sie im Feld *nach der Animation* eine Farbe aus (aus optischen Gründen nicht Schwarz oder Weiß).

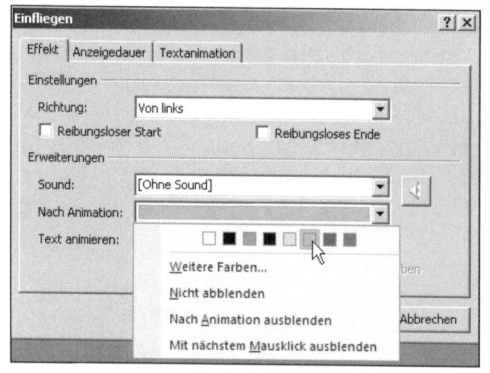

Abb. 10.15: Farbig abblenden

Bestätigen Sie mit OK und beobachten Sie wiederum den Effekt auf Folie: Text wird nach dem Erscheinen farbig abgeblendet, was dem jeweils danach erscheinenden Text in diesem Fall noch mehr Präsenz verleiht.

Sie können die Animation auch in ihren Einzelteilen bearbeiten. Mithilfe des nach unten zeigenden Doppelpfeils sehen Sie alle Teile der Animation separiert:

Abb. 10.16: Animationsbestandteile bearbeiten

Wenn Sie das Menü einer Animation über den Pfeil am rechten Rand öffnen, können Sie erneut weitere Einstellungen vornehmen. (siehe Abbildung 10.12); die hier dann nur für den gewählten Part der Animation gelten.

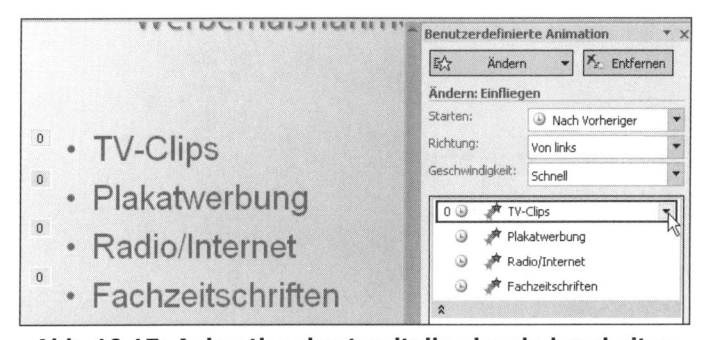

Abb. 10.17: Animationsbestandteile einzeln bearbeiten

> **TIPP**
>
> Durch Verschieben bei gedrückter Maustaste können Sie die Einzelelemente der Animation nach oben oder unten versetzen und auf diese Weise bei Bedarf die Reihenfolge der ablaufenden Animationen verändern.

Objekte hervorheben

Auf der Folie *Standorte* (Datei *Objekte hervorheben*.pptx von der Buch-CD) sehen Sie eine Landkarte mit den Standorten bestehender und neuer Shops. Während die alten Standorte durch orangefarbene Kreise gekennzeichnet sind, wurden die neuen Shops mit orangefarbenen Punkten dargestellt. In der Präsentation sollen diese neuen Shop-Standorte nach dem Erscheinen der Folie besonders hervorgehoben werden.

Markieren und gruppieren Sie die neuen Standorte zunächst wie folgt: Klicken Sie einen der orangefarbenen Punkte mit der Maus an und drücken Sie die ⇧-Taste. Halten Sie die ⇧-Taste gedrückt und klicken Sie nacheinander die weiteren orangefarbenen Punkte an, bis alle markiert sind.

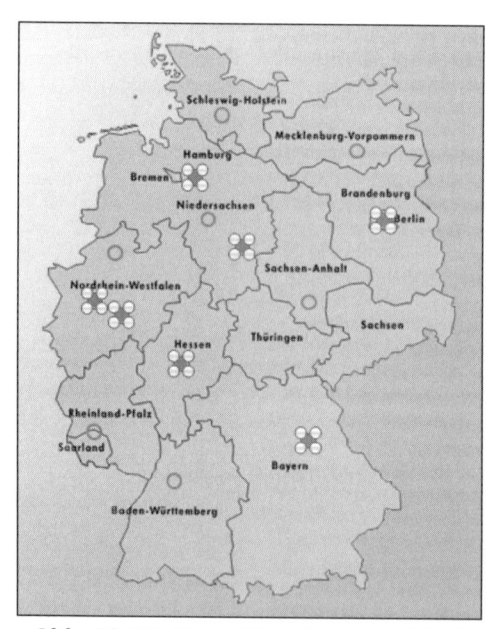

Abb. 10.18: Neue Standorte markiert

Dann klicken Sie in der Multifunktionsleiste unter der *Start*-Registerkarte auf die Schaltfläche *Anordnen* und wählen die Option *Gruppieren* aus, damit die von Ihnen markierten Punkte wie ein einziges Objekt formatiert werden können.

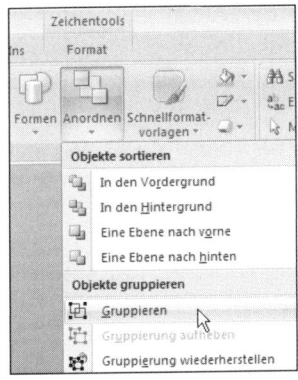

Abb. 10.19: Objekte gruppieren

> **TIPP**
>
> Alternativ können Sie den Befehl *Gruppieren* auch über das Kontextmenü (rechter Mausklick auf die zuvor markierten Objekte) anwählen.

Wählen Sie unter der Schaltfläche *Effekt hinzufügen* (siehe Abbildung 10.9) die Kategorie *Hervorgehoben* und hier den Effekt *Blitzlicht* aus. Im Listenfeld *Starten* wählen Sie *Nach Vorheriger* und unter *Geschwindigkeit* die Einstellung *Schnell* aus.

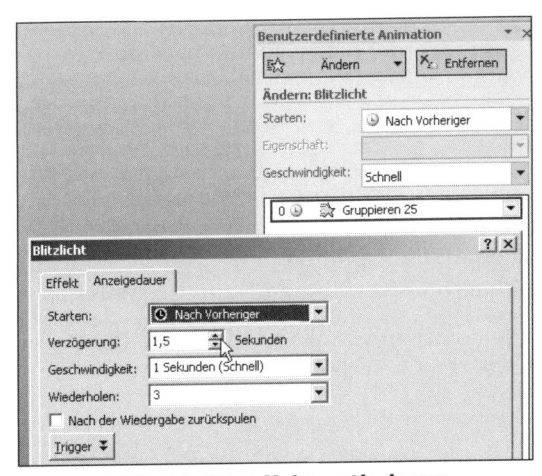

Abb. 10.20: Effekt optimieren

Animationen

Klicken Sie das Menü der Animation über die kleine, nach unten gerichtete Pfeilspitze auf, geben Sie unter der Registerkarte *Anzeigedauer* als Verzögerung 1,5 Sekunden ein und im Feld *Wiederholen* 3. Durch die Verzögerung bekommt der Betrachter einen Moment Zeit, um zunächst die Information der Folie aufzunehmen, bevor seine Aufmerksamkeit auf die Animation gelenkt wird. Durch die Wiederholung lässt sich vermeiden, dass der Effekt übersehen wird. Kontrollieren Sie den Effekt über die Schaltfläche *Bildschirmpräsentation der aktuellen Folie* 🖳 (am unteren Rand des Aufgabenbereichs *Benutzerdefinierte Animation*).

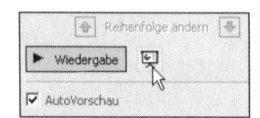

Abb. 10.21: Schaltfläche *Bildschirmpräsentation der aktuellen Folie*

Animationspfade

Animationspfade sind vorgezeichnete Wege, auf denen sich die Objekte auf der Folie bewegen können. Sie haben in PowerPoint die Auswahl zwischen etlichen vordefinierten Pfaden oder können einen solchen Animationspfad selbst erstellen.

Benutzerdefinierten Pfad zeichnen

Zeichnen Sie benutzerdefinierte Pfade mithilfe des folgenden Beispiels: Öffnen Sie die Beispielpräsentation *Animationspfade.ppsx* von der Buch-CD. Drücken Sie [F5], um die Folie in der Bildschirmansicht zu sehen.

Wie Sie in der Bildschirmpräsentationsansicht sehen können, werden auf dieser Folie einige Elemente (in diesem Fall neue Shop-Standorte) auf Animationspfaden in die Deutschlandkarte hineingelotst. Es handelt sich hierbei um individuell erstellte Pfade.

Um diese Pfade selbst zu erstellen, öffnen Sie die Datei *Übungsfolie Animationspfade.pptx* von der Buch-CD.

Abb. 10.22: Übungsfolie *Animationspfade.pptx*

Sie sehen links auf der Folie die Auflistung der Orte, die in die Karte hineinbewegt werden sollen. Hierbei wurden Punkt und Ortsname jeweils zu einem Objekt gruppiert.

Die Zielpunkte auf der Landkarte haben wir zur einfacheren Orientierung bereits durch schwarze Punkte markiert (diese können später wieder entfernt werden). Und so erstellen Sie die Animationen, welche die Orte in die Deutschlandkarte hineinfliegen lassen:

⇨ Aktivieren Sie in der Multifunktionsleiste die Registerkarte *Animationen*, falls noch nicht geschehen.

⇨ Beginnen Sie die Animation mit dem ersten Ort in der Auflistung, markieren Sie *Pusemuckel* durch Mausklick

⇨ und wählen Sie anschließend über die Schaltfläche *Effekt hinzufügen* im Aufgabenbereich *Benutzerdefinierte Animation* die Option *Animationspfade/Benutzerdefinierten Pfad zeichnen/Linie* aus.

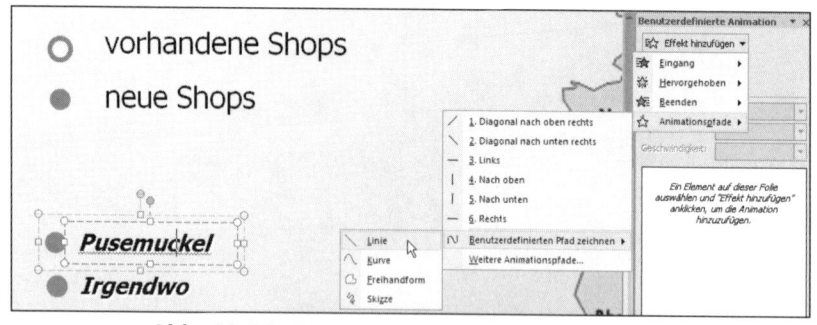

Abb. 10.23: Ersten Animationspfad erstellen

▷ Der Mauszeiger hat sich daraufhin in ein Kreuz verwandelt und mit gedrückter Maustaste können Sie nun die Linie auf der Folie einzeichnen, auf der das Objekt in die Deutschlandkarte bewegt werden soll.

▷ Halten Sie den Mauszeiger auf den orangefarbenen Punkt vor *Pusemuckel* und ziehen Sie mit gedrückter Maustaste eine Linie bis zum obersten schwarzen Punkt auf der Landkarte.

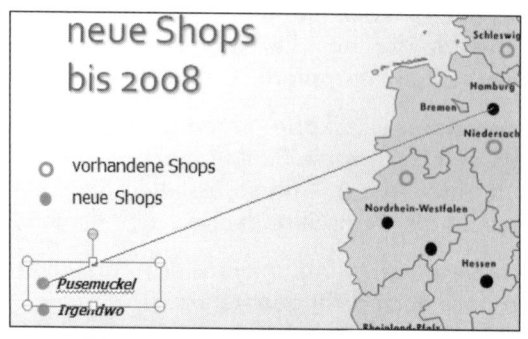

Abb. 10.24: Animationspfad *Linie*

Sobald Sie die Maustaste loslassen, zeigt Ihnen PowerPoint die soeben erstellte Animation im Folienfenster.

▷ Wählen Sie nun noch im Listenfeld *Starten* (siehe Abbildung 10.11) *Nach Vorheriger*, damit diese Animation automatisch nach dem Erscheinen der Folie abläuft.

Erstellen Sie jetzt auf die gleiche Weise die Animationspfade für die anderen Orte in der Liste, wobei Sie den zweiten Ort am zweiten schwarzen Punkt von oben auf der Karte andocken sollten, den dritten Ort am dritten schwarzen Punkt und so weiter.

Betrachten Sie anschließend das Ergebnis in der Bildschirmpräsentationsansicht.

Über die *Wiedergabe*-Schaltfläche im Aufgabenfenster können Sie zwischendurch jederzeit den aktuellen Stand der Dinge überprüfen.

Die Animationspfade, an denen sich die Objekte entlangbewegen, müssen keine geraden Linien sein. Außer dem Werkzeug *Linie* stehen noch die Werkzeuge *Kurve*, *Freihandform* und *Skizze* zur Verfügung (siehe Abbildung 10.23).

Vordefinierte Animationspfade

Manchmal kann es sich auch anbieten, auf einen der zahlreichen vordefinierten Animationspfade, die PowerPoint zur Verfügung stellt, zurückzugreifen. Die vordefinierten Pfade finden Sie ebenfalls im Aufgabenfenster *Benutzerdefinierte Animation* unter der Schaltfläche *Effekt hinzufügen/Animationspfade*.

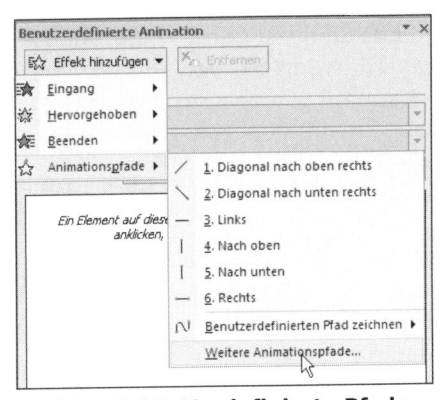

Abb. 10.25: Vordefinierte Pfade

Im Auswahlfenster der Pfade (siehe Abbildung 10.25) sehen Sie zunächst die am häufigsten benutzten Pfade (hier: *Diagonal nach oben rechts*, *Diagonal nach unten rechts*, *Links* etc.). Weitere vordefinierte Animationspfade sehen Sie, wenn Sie auf *Weitere Animationspfade* klicken.

Diagramme und SmartArts animieren

Animationsschemas

Animationsschemas sind vordefinierte Animationen, die Sie auf Ihre Folienobjekte anwenden können. Diagramme und SmartArt-Grafiken können Sie entweder, wie bisher beschrieben, manuell animieren oder aber die bereits integrierten Animationsschemas in Power-Point nutzen. Mithilfe der Datei *Animationsschemas* von der Buch-CD können Sie diese Animationsschemas einfach ausprobieren. Öffnen Sie die Datei *Animationsschemas.pptx*.

Die Datei enthält vier Folien: ein Säulendiagramm und drei Smart-Arts.

⇨ Klicken Sie die Registerkarte *Animationen* in der Multifunktionsleiste auf.

⇨ Markieren Sie das Säulendiagramm per Mausklick (die gesamte Grafik ist markiert, wenn Sie den Diagrammrahmen wie in Abbildung 10.26 sehen).

⇨ Öffnen Sie in der Aufgabengruppe *Animation* das Listenfeld *Animieren* über die kleine, nach unten gerichtete Pfeilspitze (siehe Abbildung 10.26)

Sie sehen daraufhin das Auswahlfeld verschiedener Animationsschemas. Halten Sie den Mauszeiger nacheinander auf verschiedene der angezeigten Animationsschemas und beobachten Sie den Effekt im Diagramm auf der Folie.

Bei diesem Säulendiagramm wäre beispielsweise die Option *Nach Kategorie* unter der Überschrift *Wischen* eine gute Animation; so werden die Säulen nacheinander aufgebaut und demonstrieren lebendiger als ein statisches Bild die Umsatzentwicklung.

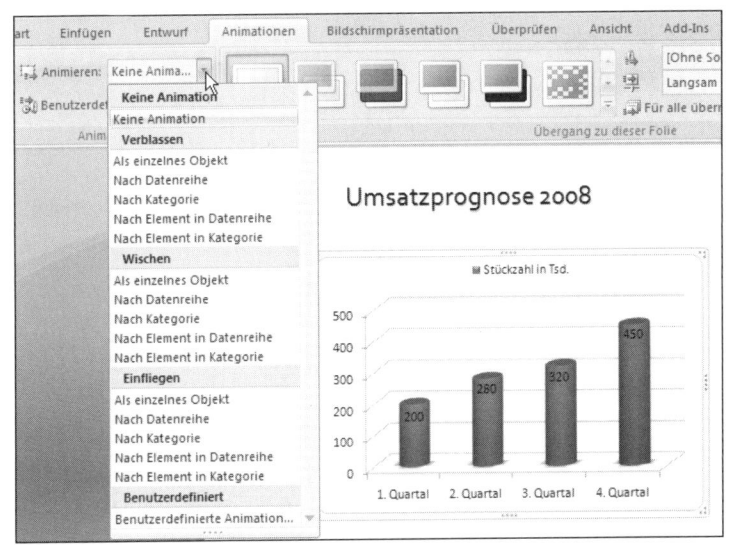

Abb. 10.26: Animationsschemas

Um das Verhalten der Animationsschemas besser kennen zu lernen, wenden Sie die oben beschriebenen Schritte auf die SmartArt-Grafiken in den weiteren Folien der Datei *Animationsschemas.pptx* an. Wie Sie beim Ausprobieren sehen werden, variieren die verfügbaren Schemas je nach Art des Objekts, das animiert werden soll.

> **TIPP**
>
> Natürlich sind solche Animationsschemas auch für Textfelder verfügbar. Je nach Inhalt eines Textfeldes, in Abhängigkeit von den Aufzählungen oder Textebenen, variieren die verfügbaren Schemas auch hier.

11 Internetpräsentation

Ziel des Kapitels

⇨ PowerPoint-Präsentationen im Internet veröffentlichen

Schritte zum Erfolg

⇨ Unterschiedliche Speichermöglichkeiten
⇨ Darstellung der Präsentation für das Web anpassen

Präsentation als Webseite speichern

Sie können Kopien Ihrer PowerPoint-Präsentationen auf einem Webserver speichern und im Internet oder auch in einem Intranet veröffentlichen. Hierbei haben Sie zwei Möglichkeiten:

⇨ Speichern der Präsentation als Webseite im HTML-Format: Dabei wird zusätzlich zur HTML-Seite ein Ordner angelegt, der alle Dateien, Bilder und Informationen enthält, die auf der Webseite verwendet werden.

⇨ Speichern als Webseite in einer Datei: Bei dieser Methode sind alle Informationen der Webseite in einer einzigen Datei enthalten, was zum einen die Dateigröße reduziert und es zum anderen ermöglicht, die Webseite in Dateiform per E-Mail zu versenden.

Um eine Präsentation als Webpräsentation zu speichern, klicken Sie auf die *Office*-Schaltfläche und wählen Sie unter *Speichern unter* die Option *Andere Formate* aus.

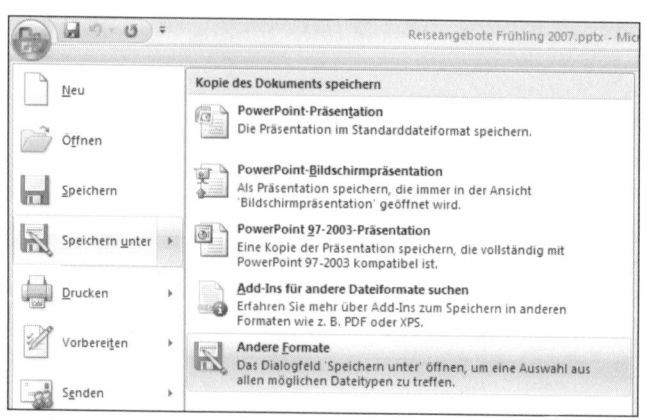

Abb. 11.1: Präsentation als Webseite speichern

Dann wählen Sie im Listenfeld *Dateityp* aus, ob Sie die Präsentation im HTML-Format oder in einer Datei im *MHT*- bzw. *MHTML*-Format (MIME-codiertes HTML) abspeichern. Präsentationen, die Sie als

MHT- bzw. MHTML-Datei abspeichern, können mit dem Internet Explorer (ab Version 4.0) gelesen werden.

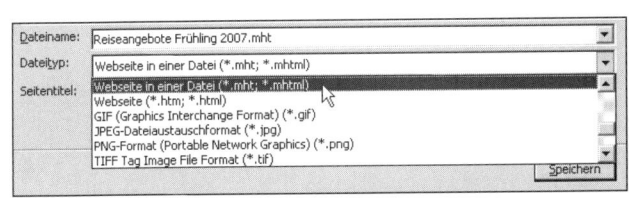

Abb. 11.2: Dateiformat wählen

Über die Schaltfläche *Titel ändern* (siehe Abbildung 11.3) geben Sie den Namen der Webseite ein, also das, was später in der Titelleiste des Browserfensters zu sehen sein soll. Klicken Sie auf die Schaltfläche *Veröffentlichen*, um weitere Optionen für das Veröffentlichen der Webseite zu erhalten.

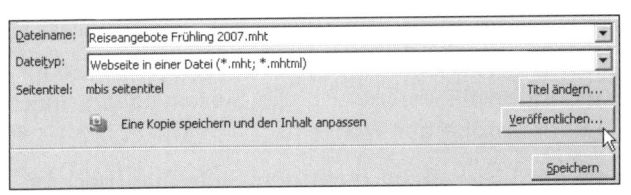

Abb. 11.3: Schaltfläche *Veröffentlichen*

Nach Mausklick auf die Schaltfläche *Veröffentlichen* sehen Sie das Dialogfenster *Als Website veröffentlichen*, in dem Sie bestimmte Eigenschaften der Präsentation festlegen können (siehe Abbildung 11.4).

Solange das Kontrollfeld *Vollständige Präsentation* aktiviert ist, wird die gesamte Präsentation ins Netz gestellt. Um nicht die gesamte Präsentation, sondern nur ausgewählte Folien ins Netz zu stellen, aktivieren Sie das Kontrollfeld *Foliennummer* per Mausklick und geben Sie dahinter die Foliennummern ein, die Sie veröffentlichen wollen.

Wenn Sie in Ihrer Präsentation Zielgruppen definiert haben, können Sie diese Funktionalität auch ins Web übernehmen, indem Sie in das Feld *Zielgruppenorientierte Präsentation* (in Abbildung 11.4 inaktiv) den Namen der Zielgruppenpräsentation eingeben.

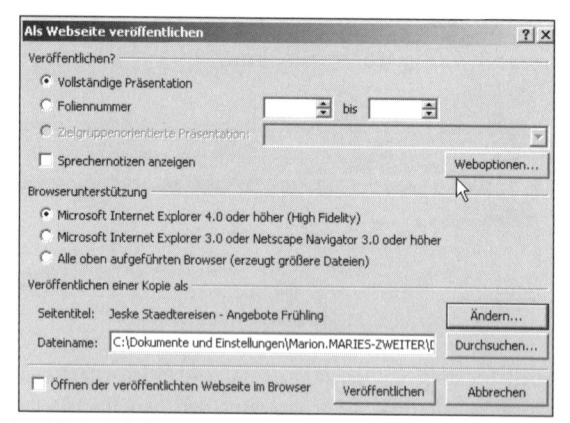

Abb. 11.4: Dialogfenster *Als Website veröffentlichen*

Wenn Sie das Feld *Sprechernotizen anzeigen* aktivieren, werden am unteren Rand des Browserfensters in einem separaten Frame die Notizen aus dem PowerPoint-Notizfenster angezeigt. Unter der Überschrift *Browserunterstützung* können Sie einstellen, ab welcher Version des Internet Explorers die Präsentation gezeigt werden kann. Je niedriger die Version ist, die Sie einstellen, umso größer wird die Speichergröße der Webseite.

Sie können an dieser Stelle auch den Seitentitel nochmals verändern. Klicken Sie hierzu auf die Schaltfläche *Ändern*.

Darstellung der Präsentation im Web bearbeiten

Unter der Schaltfläche *Weboptionen* (siehe Abbildung 11.4, im Dialogfenster *Als Website veröffentlichen*) finden Sie weitere Einstellungsmöglichkeiten für Ihre Webpräsentation (siehe Abbildung 11.5).

Unter der Registerkarte *Allgemein* können Sie im Listenfeld *Farben* die Farben für Text und Hintergrund im Navigationsframe und im Notizenframe Ihrer Präsentation bestimmen. Die Optionen für die *Präsentationsfarben (Textfarbe* bzw. *Akzentfarbe)* beziehen sich auf das ggf. in PowerPoint gewählte Farbschema (zu finden unter der Registerkarte *Entwurf*, Aufgabengruppe *Designs*, Schaltfläche *Farben*).

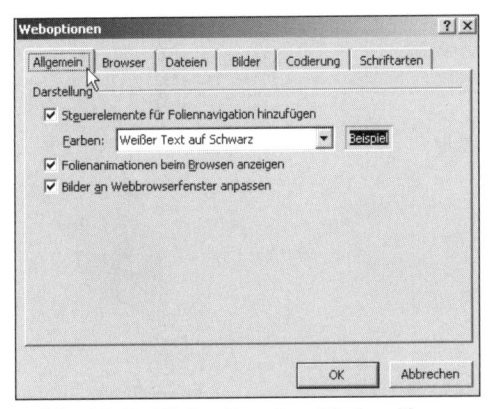

Abb. 11.5: Dialogfenster *Weboptionen*

Um die Animationen einer PowerPoint-Präsentation auch im Web anzuzeigen, setzen Sie per Mausklick ein Häkchen in das Feld *Folienanimationen beim Browsen anzeigen*.

Durch Aktivierung des Feldes *Bilder an Webbrowserfenster anpassen* füllen die Folien automatisch das Browserfenster aus.

TIPP

Die so übernommenen Animationen können allerdings nur bei Verwendung des Internet Explorers dargestellt werden.

Unter der Registerkarte *Browser* können Sie die Browserfähigkeit der Präsentation nochmals einschränken oder erweitern.

Die Optionen der anderen Registerkarten sind weitgehend selbsterklärend.

Wenn Sie alles wunschgemäß eingestellt haben, bestätigen Sie mit *OK* und klicken erneut auf *Veröffentlichen*: Im sich öffnenden Webbrowser können Sie nun die Webpräsentation begutachten (siehe Abbildung 11.6).

Sofern Sie die Option *Steuerelemente für Foliennavigation hinzufügen* (siehe Abbildung 11.5) nicht deaktiviert haben, verfügt die Präsentation im Web über einen Navigationsframe und einen Dokumentframe, wie Sie das vermutlich von anderen Internetseiten kennen.

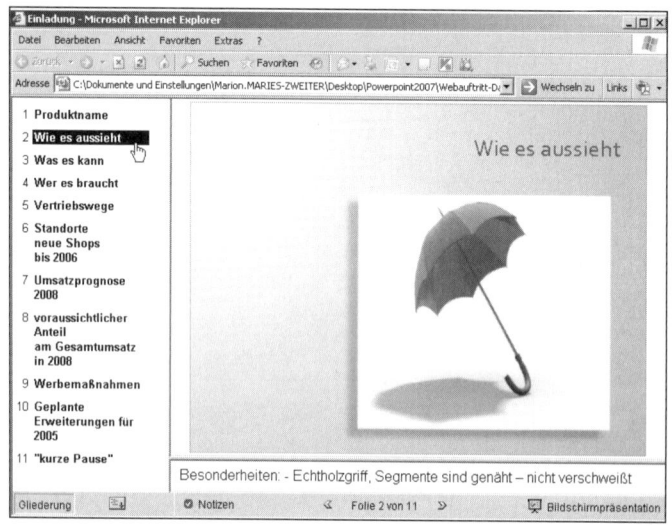

Abb. 11.6: Webpräsentation mit Navigations- und Notizframe

Bei aktivierten »Sprechernotizen« ist auch der Notizenframe am unteren Bildschirmrand zu sehen. Der Navigationsframe am linken Bildschirmrand enthält die Gliederung der Präsentation, mit deren Hilfe der Besucher durch die Folien navigieren kann (siehe Kapitel 11.4, Abschnitt »Gliederung für Webpräsentation«). Im Dokumentframe ist jeweils die aktuelle Folie zu sehen bzw. das per Hyperlink ausgewählte Objekt.

Am unteren Bildrand befinden sich weitere Steuerelemente für die Webpräsentation. Von links nach rechts: Die Gliederung lässt sich erweitern, das Notizfenster bei Bedarf einblenden, mit den Pfeiltasten können Sie durch die Folien blättern und über die Schaltfläche *Bildschirmpräsentation* laufen die Präsentationsfolien bildschirmfüllend ab.

Aktualisieren der Webseitenpräsentation

Um Ihre Präsentation im Web zu aktualisieren, ändern Sie die Originaldatei in PowerPoint und speichern die geänderte Datei dann als aktuelle Kopie auf dem Webserver.

12 Gestaltungstipps

Ziel des Kapitels

⇨ Über gut gestaltete Folien Informationen wirkungsvoll vermitteln

Schritte zum Erfolg

⇨ Farbauswahl, der richtige Farbmix

⇨ Der Umgang mit Schriften

⇨ Text-/Bild-Kombinationen

⇨ Auf die richtigen Kontraste achten

Sicherlich wissen Sie aus eigener Erfahrung, dass für eine erfolgreiche Präsentation die Gestaltung ebenso verantwortlich ist wie die zu präsentierenden Inhalte. Wir wollen an dieser Stelle auf einige Faktoren eingehen, die bei der professionellen Gestaltung Ihrer Folien eine Rolle spielen.

Die Wirkung von Farben

Bei der *Farbauswahl* für Ihre Folien sollten Sie zunächst folgende Dinge überlegen:

⇨ An wen richtet sich die Präsentation? Teenager honorieren in der Regel andere Farben als die Vorstandsvorsitzenden eines großen Unternehmens, andere Kulturkreise haben oft andere Farbsymboliken.

⇨ Welchen Zweck sollen die Farben erfüllen (beruhigen, beleben)?

⇨ Über welches Medium werden Ihre Folien präsentiert (Bildschirm, Papierausdrucke, Videobeamer, Internet)?

Kalte und warme Farben

Die *Hintergrundfarbe* trägt entscheidend zur Stimmung einer Präsentation bei, daher sollte sie mit besonderer Aufmerksamkeit gewählt werden. Hierbei spielt die *Farbtemperatur* eine ganz besondere Rolle:

Warme Farben wie Rot, Orange oder Gelb können auf Dauer den Betrachter ermüden, sollten also als Hintergrundfarbe allenfalls für kurze Präsentationen verwendet werden. Kalte Farben hingegen, wie z.B. Blau, Violett oder Blaugrün entspannen den Betrachter und erhöhen die Aufmerksamkeit.

In der direkten Gegenüberstellung von kalten und warmen Farben nehmen wir die warmen Farben dominanter wahr. Der Effekt ist z.B., dass bei einem warmfarbigen Hintergrund mit kaltfarbiger Schrift die Schrift auf der Folie zu »versinken« scheint und es sehr anstrengend ist, sie zu lesen. Schon allein aus diesem Grund empfiehlt sich in der Regel ein farblich kühler Hintergrund.

Neutrale Farben

Die Farben Grün und Karmin gelten als neutrale Farben. Da sie weder kalt noch warm erscheinen, bilden sie normalerweise auch keinen ausreichenden Kontrast zu anderen warmen oder kalten Farben. Achten Sie darauf – wenn Sie diese Farben überhaupt verwenden –, sie entsprechend aufzuhellen, um einen guten Kontrast zu erreichen.

Kontraste

Neben der Farbtemperatur spielt auch der *Kontrast* eine große Rolle für die Lesbarkeit Ihrer Folien: Damit die Inhalte einer Folie gut gelesen werden können, müssen sie in ausreichendem Kontrast zum Rest der Folie stehen. Texte und Grafiken müssen sich ausreichend stark vom Hintergrund abheben. Günstige Kombinationen sind demnach dunklere warme Farben auf helleren kühlen Hintergründen.

Die Wahrnehmung der einzelnen Farben wird stark von der jeweiligen Umgebungsfarbe beeinflusst. (Ein leuchtend gelber Text wird beispielsweise vor einem schwarzen Hintergrund sehr deutlich wahrgenommen, während derselbe Text auf einer orangefarbenen Fläche eher schlecht zu lesen ist.)

Komplementärfarben (wie z.B. Grün und Rot oder Gelb und Violett) sind jene Farben, die sich im Farbkreis gegenüberliegen und sollten normalerweise nicht unmittelbar nebeneinander auf der Folie verwendet werden.

(Ein Farbkreis ist als Datei *farbkreis.bmp* im Ordner *Bilder* auf der Buch-CD enthalten, wo Sie über die Beschriftung hinaus auch die Farben sehen können, was hier im Schwarzweißdruck leider nicht möglich ist.)

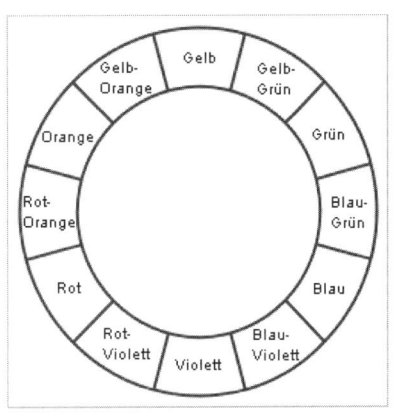

Abb. 12.1: Farbkreis

Da sich bei einem Farbenpaar aus Komplementärfarben keine Farbe unterordnet, also beide gleich laut um Aufmerksamkeit buhlen, ist die Wirkung bei einer solchen Farbzusammenstellung grell und unruhig. Die Grenzränder wirken außerdem immer etwas flimmernd, was die Augen des Betrachters unnötig anstrengt. Sollte es doch einmal notwendig sein, zwei Komplementärfarben zu verwenden, kann die unangenehme Wirkung dadurch abgemildert werden, dass Sie eine der beiden Farben deutlich aufhellen und damit in den Hintergrund treten lassen.

So hängt auch die Leuchtkraft einer Farbe von der Umgebungsfarbe ab. Alle Farben werden in ihrer Reinheit durch die Umgebung von Schwarz, Weiß oder ihrer Komplementärfarbe mehr oder weniger stark getrübt.

> **TIPP**
>
> Am reinsten wirkt eine Farbe, wenn sie einem neutralen Grau gegenübergestellt wird.

Zur Ansicht: In der Beispieldatei *Farben Beispiele.pptx* auf der Buch-CD finden Sie zwei Abbildungen: Ein roter Farbpunkt ist einmal vor einem schwarzen und einmal vor einem grauen Hintergrund zu sehen. Wenn Sie einige Sekunden auf die schmale weiße Fläche zwischen den beiden Bildern sehen, werden Sie feststellen, dass der rechte rote Punkt auf der grauen Fläche intensiver und satter wirkt.

Ausgabeabhängige Farbauswahl

Da Farben auf unterschiedlichen Medien (Papier/-sorte, Bildschirm etc.) verschieden wirken, sollten Sie

⇨ die Farbauswahl für Ihre Präsentation an das Medium anpassen und

⇨ die Präsentation zur Überprüfung am Ausgabemedium testen.

> **TIPP**
>
> Primär- und Sekundärfarben werden beim Drucken mit größeren Punkten gedruckt, also besser ausgegeben als gemischte Farbtöne oder Graustufen. Primärfarben sind Rot, Blau und Grün, Sekundärfarben sind Gelb, Magenta und Cyan.

Der Umgang mit Schrift

Schriftarten

Die Aufgabe, aus den vielen *Schriften*, die in PowerPoint zur Auswahl stehen, zweckdienliche Varianten auszuwählen, lässt sich deutlich einfacher lösen, wenn man sich vorher ein wenig mit den Eigenschaften der Schriften befasst. Wer sich intensiver für dieses Thema interessiert, findet hierzu eine große Auswahl an Literatur auf dem Markt. Wir wollen in diesem Buch versuchen, die wichtigsten Dinge in Kürze zusammenzufassen.

Zunächst einige Hinweise ganz allgemeiner Natur:

⇨ Schrift dient in erster Linie der Information und nicht der Dekoration. Von dem Einsatz allzu dekorativer Schriften ist daher normalerweise abzuraten.

⇨ Schrift in Präsentationen soll schnell erfassbar, also leicht lesbar sein. Dies wird nicht zuletzt auch durch das Verwenden von Schriftarten erreicht, die dem Betrachter vertraut sind.

⇨ Der Schriftcharakter/das Schriftimage sollte zum Inhalt passen. (Sie sehen gleich noch Beispiele dazu.)

⇨ Die Textfarbe sollte innerhalb der Präsentation das dunkelste oder hellste Element sein.

Lesbarkeit

Da der Bildschirm aus vielen kleinen Bildpunkten (Pixeln) besteht, gelten für die gute Lesbarkeit hier andere Regeln als auf bedrucktem Papier. Qualitätsmindernd kommt auf dem Bildschirm die relativ geringe Auflösung von 96 dpi (*dots per inch* = Bildpunkte pro Zoll) unter Windows bzw. 72 dpi bei Apple Macintosh hinzu.

Weniger günstig für die Lesbarkeit am Bildschirm sind Schriften, die ein enges hohes Schriftbild – womöglich noch mit Serifen – aufweisen. (Serifen sind die mehr oder weniger stark ausgeprägten häkchenartigen Buchstaben-Endstriche bei bestimmten Schriftarten, welche beim Buchdruck durchaus die Lesbarkeit verbessern, da sie das Auge in der Zeile halten.)

Monotype Corsiva	**Arial**
STENCIL	Century Gothic
Bodoni MT Poster Compressed	Verdana

Abb. 12.2: Schriftenbeispiele

Links im Bild sehen Sie Beispiele der weniger günstigen Art: eine kursive Schrift, eine Schrift mit stark unterschiedlicher Schriftstärke und eine enge, hohe Serifenschrift.

Rechts daneben einige Schriftbeispiele, die leichter lesbar sind. Die Schriften sind klar, serifenlos und haben ein rundes, weites Schriftbild. Am Bildschirm sind solche Schriften ausgesprochen gut lesbar.

Schriftcharakter

Jede Schrift hat ihren eigenen Charakter, weckt Assoziationen, hat ein bestimmtes Image. Es gibt elegante oder plumpe, seriöse oder verspielte, altmodische oder moderne, ernst oder heiter anmutende Schriften. Und es lassen sich hier noch viele weitere Adjektive finden, um die Wirkung einer Schrift zu charakterisieren.

Eine Aussage kann irritierend und regelrecht unglaubwürdig wirken, wenn der Schriftcharakter in deutlichem Kontrast zum Inhalt steht.

Hier einige Beispiele:

Wirtschaftsberatung Dr. Schmidt	Wirtschaftsberatung Dr. Schmidt
Wellnessfarm Venusberg	*Wellnessfarm Venusberg*
Massivholzmöbel	**Massivholzmöbel**
Gothic Style	𝔊𝔬𝔱𝔥𝔦𝔠 𝔖𝔱𝔶𝔩𝔢
Landeszentralbank	Landeszentralbank

Abb. 12.3: Schriftcharakter und Inhalt

Links im Bild sehen Sie Schrifttypen, die im schönsten Widerspruch zum Inhalt stehen, während die gleichen Begriffe auf der rechten Seite mit passenderen Schrifttypen dargestellt wurden.

Schriftenmix

Eine gelungene Präsentation sollte möglichst wenig unterschiedliche Schriften enthalten. Eine zu große Anzahl von Schriften steht in der Regel der Einheitlichkeit und dem harmonischen Gesamteindruck einer Präsentation entgegen.

> **TIPP**
>
> Mehr als zwei bis maximal drei Schriften sollten Sie auf einer Folie, besser in der gesamten Präsentation nicht verwenden.

Dabei sollten die Schriften zwar einerseits zueinander passen, sich andererseits aber auch nicht zu stark ähneln. Achten Sie u.a. darauf, dass sich die Schriften deutlich genug voneinander unterscheiden.

»Schlechte« Unterschiede sind in diesem Sinne:

⇨ kursive Schriften mit unterschiedlicher Schräglage,

⇨ Schriften stark unterschiedlicher Strichstärke einerseits und Schriften gleichmäßiger Strickstärke andererseits, wie Sie im Bild unten sehen können:

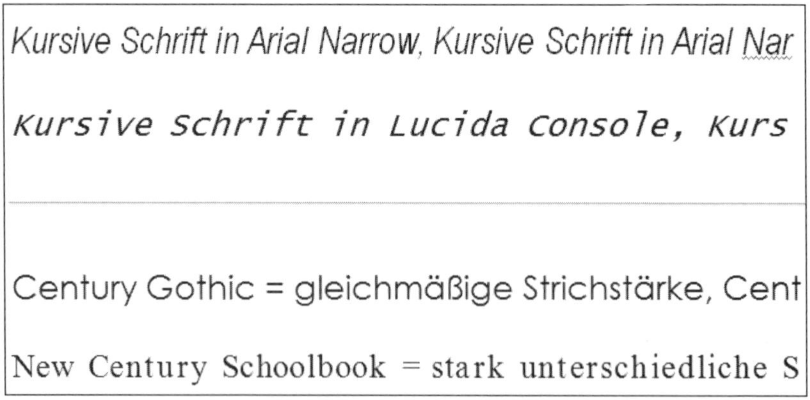

> *Kursive Schrift in Arial Narrow, Kursive Schrift in Arial Nar*
>
> *Kursive Schrift in Lucida Console, Kurs*
>
> ---
>
> Century Gothic = gleichmäßige Strichstärke, Cent
>
> New Century Schoolbook = stark unterschiedliche S

Abb. 12.4: Schlechter Schriftenmix

Unproblematisch dagegen ist die Kombination verschiedener Schriftschnitte (fett, kursiv) einer Schriftfamilie, wie im folgenden Bild zu sehen ist:

> Arial
>
> **Arial Black**
>
> *Arial kursiv*

Abb. 12.5: Schriftenmix innerhalb einer Schriftfamilie

Text/Bild-Kombinationen

Wo sich Texte und Bilder zusammen auf einer Folie befinden, ist es noch wichtiger, die Schrift aufmerksam zu wählen. Zum einen sollte die Schrift natürlich zum Inhalt passen, wie Sie weiter oben gesehen haben.

Zum anderen sollten sich Schrift und Bild nicht »beißen«. Klare schlichte Bilder vertragen sich mit vielen Schriftarten, zur Not auch mit den eher verschnörkelten, auffälligeren Schriften.

Wenn die Bilder jedoch sehr detailreich, unruhig und/oder kompliziert sind, sollten die Schriften umso klarer, gerader und einfacher sein, ansonsten wirkt das Ergebnis selten ausgewogen.

Schriftgestaltung

Weitere Aspekte beim Umgang mit Text sind:

⇨ der Schriftsatz

⇨ die Spaltenbreite

⇨ der Zeilenabstand

⇨ die Schriftgröße

Der Schriftsatz

Sie können in der Aufgabengruppe *Absatz* unter der Registerkarte *Start* für Ihre Textgestaltung unter den Formatierungen *Linksbündig*, *Zentriert*, *Rechtsbündig*, *Blocksatz* und *Spalten* auswählen.

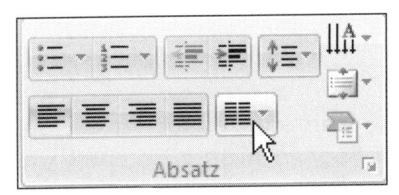

Abb. 12.6: Auswahl des Schriftsatzes

Unsere Augen sind daran gewöhnt, von links nach rechts zu lesen, daher lesen sich *Linksbündig* angeordnete Texte am besten. Im Regelfall sollten Sie für Texte auf Ihren Präsentationsfolien die Formate *Blocksatz* und *Spalten* vermeiden. Der Blocksatz erschwert u.U. durch die unterschiedlichen Wortabstände, die dabei entstehen, die Lesbarkeit. (Beim Buchdruck macht er hingegen durchaus Sinn, da er dort für ein harmonisches Gesamtbild sorgt. Das liegt vor allem daran, dass hier ein für den Blocksatz günstiges Verhältnis der Zeichenanzahl pro Zeile vorliegt, was bei Präsentationsfolien in der Regel nicht der Fall ist.) Hier ein Beispiel:

> Hier sehen Sie, warum der *Blocksatz* in Präsentationen nicht die beste Wahl ist. Durch die präsentationsbedingt hohe Schriftgröße ist das Verhältnis von Wortanzahl und Wortabständen in einer Zeile oft eher ungünstig und behindert den Lesefluss.

Abb. 12.7: Blocksatz

Wechselnde Zeilenlängen, wie sie beim linksbündig angeordneten Text entstehen (wenn Sie keine Trennungen verwenden), wirken interessanter und dynamischer, wobei es auf den Betrachter positiver wirkt, wenn die erste Zeile nicht kürzer, sondern länger ist als die darauf folgenden.

Die Spaltenbreite

Bei der Verwendung mehrerer Textspalten sollten Sie darauf achten, dass die einzelnen Spalten nicht zu schmal werden. In zu engen Spalten wird der Lesefluss unangenehm häufig unterbrochen.

Zeilen- und Absatzabstände

Zu enge Zeilenabstände lassen sich äußerst unangenehm lesen, während zu weite Zeilenabstände den Text als nicht mehr zusammengehörig erscheinen lassen. Am leichtesten lesbar sind Texte mit einem mindestens 1,2- bis 1,3-fachen Zeilenabstand. Anders ausgedrückt sind das 120–130% der Schriftgröße. Bei einer Schriftgröße von 20 pt wäre also ein Zeilenabstand von etwa 24 pt angemessen.

Eine gute Möglichkeit, mehrere Absätze aufzulockern und leichter lesbar zu machen, ist die Verschiebung des Erstzeileneinzugs.

> Der Erstzeileneinzug eignet sich ganz wunderbar dazu, mehrere Absätze aufzulockern und deren Lesbarkeit zu erleichtern.
>
> Schauen sie sich zum Beispiel diesen Text an: das Auge freut sich über den deutlich wahrnehmbaren Absatzbeginn. Bei längeren Texten werden Ihre Präsentationsteilnehmer es Ihnen danken.

Abb. 12.8: Verwendung des Erstzeileneinzugs

Um einen eingerückten Erstzeileneinzug einzustellen, blenden Sie über die Registerkarte *Ansicht* das Lineal ein.

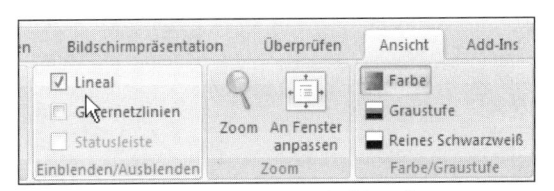

Abb. 12.9: Lineal einblenden

Markieren Sie die gewünschten Absätze auf der Folie und verschieben Sie dann mit gedrückter Maustaste die obere Einzugmarke auf dem Lineal ein wenig nach rechts.

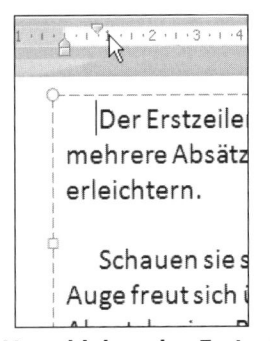

Abb. 12.10: Verschieben des Erstzeileneinzugs

Daraufhin rücken alle Erstzeileneinzüge der markierten Absätze um den eingestellten Abstand nach rechts.

Schriftgröße

Genau wie bei der Verwendung mehrerer Schriftarten gilt für ein auch optisch gelungenes Ergebnis: Verwenden Sie nicht mehr als zwei bis drei Schriftgrößen auf einer Folie.

Wie groß Ihre Texte sein müssen, hängt auch davon ab, mit welchem Medium und in welchem Abstand sie betrachtet werden. Generell lässt sich aber feststellen, dass Schriftgrößen unter 16 pt in PowerPoint-Präsentationen selten sinnvoll sind.

Widerstehen Sie der Versuchung, die Titel der Folien zu groß (im Verhältnis zum Rest der Folie) zu formatieren. Dadurch besteht die Gefahr, dass andere Elemente zu sehr in den Hintergrund gedrängt werden.

TIPP

Ca. 130–150% der sonstigen Textgröße auf den Folien werden für die Titelgestaltung im Allgemeinen als ausgewogen empfunden.

Die beste Methode für die endgültige Festlegung der Schriftgröße ist es, einige Folien Ihrer Präsentation selbst mit dem entsprechenden Ausgabemedium (Videobeamer, Computerbildschirm etc.) zu testen. Nehmen Sie beispielsweise vor einer Videobeamer-Vorführung verschiedene Zuschauerplätze ein, um die Lesbarkeit aus verschiedenen Blickwinkeln zu überprüfen.

13 Neuheiten in PowerPoint 2007

Ziel des Kapitels

⇨ Kennenlernen neuer Features und Formate

Schritte zum Erfolg

⇨ Nutzen der Fotoalbum-Funktion
⇨ Neue Dateiformate
⇨ Sicherheit, Veröffentlichen und Verwalten

Zu den Neuheiten in PowerPoint 2007, die Ihnen vermutlich sofort aufgefallen sind, zählen die SmartArt-Grafiken, denen wir bereits das achte Kapitel gewidmet haben. Generell lässt sich sagen, dass die gestalterischen Möglichkeiten einerseits umfangreicher geworden sind, andererseits komplexe Grafiken durch die Schnellformatvorlagen schneller und einfacher erstellt werden können als zuvor. Durch die Anpassung der Schnellformatvorlagen an das jeweils ausgewählte Design ist es zudem einfacher geworden, präsentationseinheitliche Grafiken zu erstellen.

Weitere Neuerungen, die sich in Teilen nicht nur auf PowerPoint sondern generell auf die 2007er Version von Microsoft Office beziehen, seien hier kurz vorgestellt:

Fotoalbum

Bisher konnten Sie aus Ihren Fotos eine Präsentation erstellen, indem Sie die gewünschten Bilder direkt in Ihre Folien eingefügt und die Folien dann nach Bedarf gestaltet haben. Diese Möglichkeit haben Sie natürlich nach wie vor.

Schneller geht es u.U. mit der neuen *Fotoalbum*-Funktion: Unter der Registerkarte *Einfügen* finden Sie die Schaltfläche *Fotoalbum* und darunter den Befehl *Neues Fotoalbum*.

Abb. 13.1: Schaltfläche *Fotoalbum*

Klicken Sie mit der Maus auf den Befehl *Neues Fotoalbum*, um ein Dialogfenster zu erhalten, in dem Sie Ihre Bilder dem Album hinzufügen können:

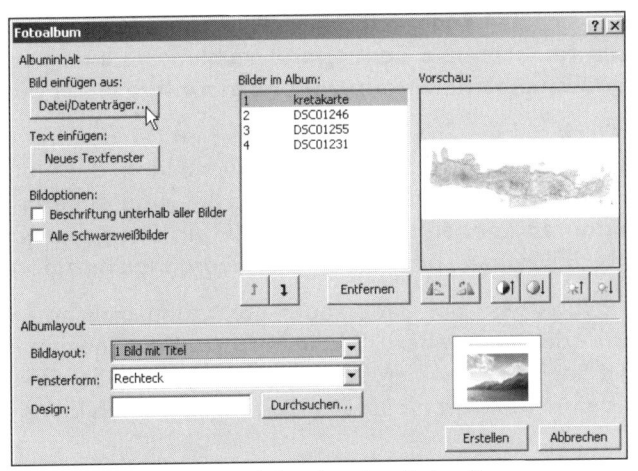

Abb. 13.2: Dialogfenster Fotoalbum

Im Dialogfenster *Fotoalbum* fügen Sie unter der Schaltfläche *Datei/ Datenträger* Bilder von Ihrem Computer oder einer angeschlossenen Digitalkamera in das PowerPoint-Album ein. Im Feld *Bilder im Album* werden die Bilder aufgelistet, daneben sehen Sie jeweils die Vorschau des angeklickten Bildes.

Die Reihenfolge der Bilder können Sie mit den Pfeiltasten jederzeit beliebig verändern so, wie Sie einzelne Bilder jederzeit wieder aus dem Album entfernen können. Ein Häkchen im Kontrollfeld *Beschriftung unterhalb aller Bilder* bewirkt, dass der Dateiname des Bildes mit angezeigt wird.

Unterhalb der Bildvorschau finden Sie neben den zwei Schaltflächen zum Drehen des Bildes auch noch Bildbearbeitungstools für Helligkeit und Kontrast.

Im Listenfeld *Bildlayout* wählen Sie die Anordnung der Bilder pro Seite aus.

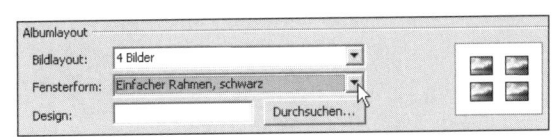

Abb. 13.3: Bildlayout auswählen

Neuheiten in PowerPoint 2007

Sie können sich 1-4 Bilder mit oder ohne Folientitel pro Seite anzeigen lassen Im Listenfeld *Fensterform* wählen Sie eine von sieben unterschiedlichen Rahmenformatierungen für Ihre Bilder aus.

Ein Mausklick auf die Schaltfläche *Erstellen* im Dialogfenster *Fotoalbum* (siehe Abbildung 13.2) erstellt aus allen Bildern des Albums eine Präsentation, mit der Sie nachträglich wie bei jeder anderen Präsentation verfahren können: Sie können z.B. ein Design, eine Hintergrundfarbe, Bildeffekte oder auch Folienübergänge hinzufügen.

Um die Reihenfolge der Bilder oder das grundsätzliche Layout zu verändern oder um weitere Bilder hinzuzufügen, nutzen Sie wiederum die Registerkarte *Einfügen* und dort über die Schaltfläche *Fotoalbum* den Befehl *Fotoalbum bearbeiten* (siehe Abbildung 13.1).

Dokumentinspektor

Bevor Sie eine Präsentation freigeben oder versenden, können Sie die Datei auf ausgeblendete Dokumenteigenschaften (Metadaten) überprüfen und diese bei Bedarf entfernen. Solche Dokumenteigenschaften sind beispielsweise Autor, Titel oder Kommentare.

Klicken Sie vor der Freigabe Ihrer Präsentation auf die *Office*-Schaltfläche.

Abb. 13.4: Dokument prüfen

Im dortigen Menü halten Sie die Maus auf die Option *Vorbereiten* und klicken anschließend auf den Befehl *Dokument prüfen*.

Im *Dokumentinspektor*-Fenster werden Ihnen daraufhin die Elemente der Präsentation angezeigt, die überprüft werden können.

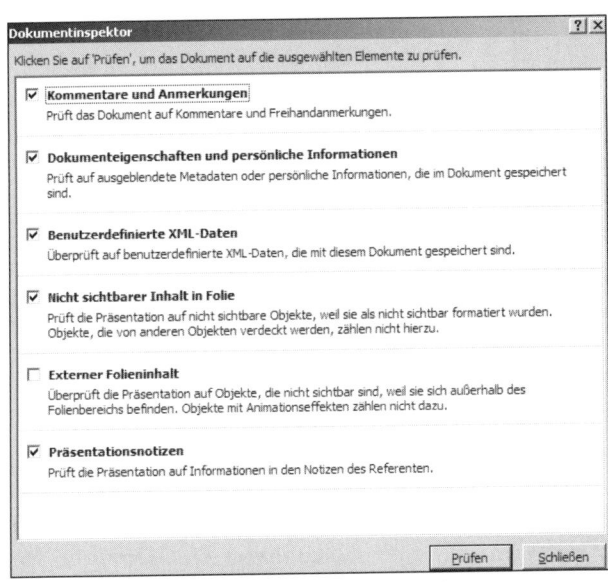

Abb. 13.5: Dokumentinspektor

Deaktivieren Sie die Felder, die nicht überprüft werden sollen. (Falls Sie beispielsweise bewusst die Präsentationsnotizen anzeigen lassen wollen, entfernen Sie das entsprechende Häkchen vor der Überprüfung per Mausklick.)

Nach der Überprüfung erhalten Sie eine solche Meldung und können alle gefundenen Elemente bei Bedarf über die Schaltfläche *Alle entfernen* aus dem Dokument entfernen (siehe Abbildung 13.6).

Die Dokumenteigenschaften Ihrer Präsentation können Sie sich auch zuvor über den Befehl *Eigenschaften* (siehe Abbildung 13.4, oberhalb des Befehls *Dokument prüfen*) anzeigen lassen und dort ggf. bearbeiten.

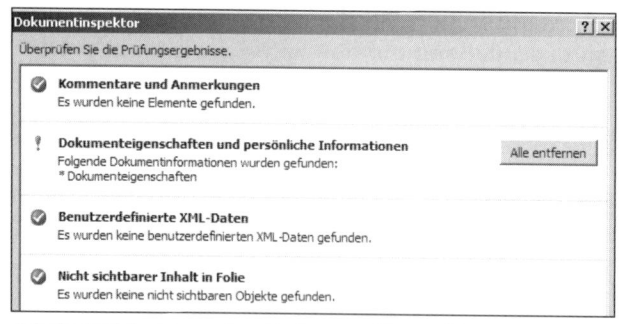

```
Dokumentinspektor                                    ? X
Überprüfen Sie die Prüfungsergebnisse.

  ✓  Kommentare und Anmerkungen
     Es wurden keine Elemente gefunden.

  !  Dokumenteigenschaften und persönliche Informationen
     Folgende Dokumentinformationen wurden gefunden:        Alle entfernen
     * Dokumenteigenschaften

  ✓  Benutzerdefinierte XML-Daten
     Es wurden keine benutzerdefinierten XML-Daten gefunden.

  ✓  Nicht sichtbarer Inhalt in Folie
     Es wurden keine nicht sichtbaren Objekte gefunden.
```

Abb. 13.6: Meldungen des Dokumentinspektors nach Prüfung

Die neuen XML-Dateiformate

Beim Umstieg auf Office 2007 hat man auch hinsichtlich der Dateiformate einen neuen Weg eingeschlagen - bei allen »großen« Office-Anwendungen (Word, Excel und PowerPoint) wird nun ein XML-Format genutzt.

Das Standardformat der PowerPoint-Präsentationen, *PPTX*, trägt schon das X für XML mit im Namen. Eine PowerPoint-Datei in diesem Format ist letztlich nichts anderes als ein ZIP-Archiv. In diesem ZIP-Archiv befindet sich eine Vielzahl von XML-Dateien, welche teilweise untereinander verlinkt sind. Daneben befinden sich hier sämtliche weiteren genutzten Medien (wie Bilder, Sounds, Videos oder Animationen) in ihren Ursprungsformaten.

Der Vorteil dieser Form der Datenspeicherung ist für den »normalen« Anwender zunächst kaum ersichtlich. Durch die Komprimierung ist die Änderung des Dateiformats zumeist nur durch die geringere Dateigröße erkennbar, welche auch für den normalen Anwender sicherlich interessant und sinnvoll in Bezug auf den notwendigen Speicherplatz und die notwendige Bandbreite bei der Versendung von Office-Dokumenten via E-Mail ist.

Weitere Vorteile ergeben sich eher aus der Sicht von IT-Strategen und Softwareentwicklern in einem Unternehmen. Der Zugriff auf die Daten innerhalb eines Office-Dokuments ist nun mit deutlich weniger technischem und finanziellem Aufwand verbunden als bisher. Softwarelösungen im Bereich der Datenarchivierung, der Suche oder der automatischen Erstellung von Dokumenten oder Dokumentteilen werden damit einfacher nutzbar.

Denkbar ist von dieser Seite beispielsweise eine Anwendung, die in der Lage ist, PowerPoint-Präsentationen auf der Basis aktuellen Zahlenmaterials stets auf dem neuesten Stand bereitzustellen. Die entsprechenden Folien werden dabei zentral und automatisiert erzeugt und können von allen Mitarbeitern eines Unternehmens in ihren eigenen Präsentationen genutzt werden.

Globale Änderungen

Standardelemente wie Logos oder andere CI-Elemente in einer größeren Menge von Dateien anzupassen, war bisher mit hohem manuellem Aufwand verbunden. Jedes einzelne Dokument in PowerPoint musste geöffnet, angepasst und erneut gespeichert werden. Solche Änderungen sind nun mithilfe von einfachen Makrosprachen durchführbar, und dies ohne die Gefahr, dabei die Integrität der Dokumente zu zerstören. Da sich die für die Gestaltung einer PowerPoint-Präsentation zuständigen Daten in separaten XML-Dokumenten innerhalb des ZIP-Archivs befinden, ist auch hier eine Anpassung nach neuen Gestaltungsrichtlinien mit wenig Aufwand realisierbar.

Auch das Problem der unbeabsichtigten Weitergabe von sensitiven Informationen bei der Versendung von Dokumenten an Empfänger außerhalb eines Unternehmens kann nun relativ einfach gelöst werden. Anmerkungen, Überarbeitungen oder Informationen, die lediglich für den internen Gebrauch gedacht sind, lassen sich aufgrund des offenen und einfachen neuen Dateiformats mithilfe einfacher Funktionalitäten entfernen.

Sicherheit

Auch für den Empfänger einer E-Mail mit angehängten Office 2007-Dokumenten bietet das neue Format Vorteile. Der vereinfachte Zugriff auf die Dateiinhalte ermöglicht eine unproblematische Überprüfung, z.B. durch einen Virenscanner. Der Verbreitung von so genannten Makroviren, also Virensoftware, die sich die Makrosprachen der Office-Dokumente (VBA) zunutze machte, wird durch ein neues Set von Dateiendungen entgegengewirkt. Das Standardformat *PPTX* darf dabei keine aktiven Inhalte (wie Makros) beinhalten. Präsentationen im Format *PPTM* (das M steht hier für Makros) hingegen signalisieren, dass evtl. eine erhöhte Vorsicht beim Umgang mit der Datei notwendig sein kann.

PowerPoint-Dateiendungen	Bedeutung
pptx	Standard-XML-Format
pptm	Wie pptx, aber beinhaltet auch Makros
potx	Vorlage im XML-Format
potm	Vorlage, aber mit Makrounterstützung
ppam	Add-in mit Makros
ppsx	Selbstablaufende Präsentation im XML-Format
ppsm	Wie ppsx, aber mit Makros

Tab. 13.1: Liste der PowerPoint-Dateiendungen

Speichern als PDF und XPS

Seit der Einführung des neuen Betriebssystems Windows Vista werden Adobe PDF und Microsoft XPS als Konkurrenten gesehen. Bei den Anwendungsgebieten der beiden Dateiformate gibt es zwar einige Schnittpunkte, allerdings setzen sich die Nutzungsszenarien auch schnell wieder voneinander ab.

Microsoft bietet zu allen Office-Paketen die Funktion zum Speichern als PDF bzw. XPS lediglich als separaten Download an, um etwaige Lizenzstreitigkeiten mit Adobe zu vermeiden. Nach Installation des Downloads stehen die beiden Funktionen unter der Office-Schaltfläche hinter dem Befehl *Speichern unter* zur Verfügung. Durch die Funktion *Speichern als PDF* kann jede Präsentation im PDF-Format gespeichert werden. Dabei wird das mit Acrobat 6.0 eingeführte

Format verwendet – der Betrachter muss also mindestens über einen Acrobat Reader dieser Version verfügen.

Das so genannte XPS-Format (XML Paper Spezifikation) ähnelt in seinem Aufbau prinzipiell dem neuen XML-Office-Dateiformat. Auch hierbei handelt es sich um ein ZIP-Archiv, das XML- und Mediadateien beinhaltet. Daneben hat XPS allerdings einige abweichenden Eigenschaften. Dazu gehört, dass XPS – ähnlich dem PDF Format – für die Ausgabe auf einem Drucker konzipiert ist. Das Format ist allerdings schreibgeschützt. Ursprünglich als internes Zwischenformat für die Druckausgabe konzipiert, wird es in Zukunft sicherlich Druckerhardware geben, die eine XPS-Datei direkt verarbeiten und ausgeben kann.

Für die Ansicht einer XPS-Datei benötigt man den Internet Explorer ab Version 7.0 (bzw. Microsoft NET 3.0 = ein in Windows Vista enthaltenes Softwarepaket, das auch für ältere Windows-Betriebssysteme installiert werden kann). Das Office-Plugin zur XPS-Ausgabe installiert parallel auch einen Druckertreiber, wodurch auch alle anderen Programme, die eine Druckausgabe erzeugen können, in den Genuss der XPS-Konvertierung kommen.

Beim Vergleich mit PDF lässt sich sagen, dass die wesentlichen Funktionen in beiden Formaten gegeben sind, allerdings fehlen XPS Eigenschaften, die insbesondere in der professionellen Druckvorstufe Anwendung finden.

Index

A
Als Website veröffentlichen 175
Animationen 154, 158
Animationspfade 166
Animationsschema 170
Anzeigedauer 41
Aufzählungszeichen 140

B
Bilder 144
Bildschirmpräsentation 21
Bildstile 144
Bitmap 145

C
ClipArts 147, 149

D
Dateiformate 196, 198
Designvorlagen 46
Diagramme 112
   bearbeiten 121
   in PowerPoint erstellen 116
Diagrammtext
   formatieren 122
Diagrammtools 118
Diagrammtypen 112
   Linien- oder Flächendia-
     gramm 115
   Säulen- und Balkendia-
     gramm 113
   Tortendiagramm 114
Dokumentdesign 13
Dokumentfenster 17

Dokumentinspektor 194
Drucken 74

E
Effekte 84
Erstzeileneinzug 189
Excel-Tabellen 108

F
Farben 180
Farbschemas 47
Folien 12
   duplizieren 34
Folienlayout 12, 26
Folienmaster 28, 57
Folienreihenfolge 35
Folienübergänge 36, 154
Formen 78
   bearbeiten 80
   Effekte 84
   einfügen 79
   gestalten 83
   Text 85
   verschieben 82
Fotoalbum 192
Füllung 83

G
GIF 146
Gliederung 70
Gliederungsansicht 66
Graduelle Füllung 49
Grafikformate 145
Gruppieren 92

H
Handzettel 73
Hintergrund 47
html 174

I
Illustrationen 130
Interaktive Schaltflächen 88

J
JPEG 146

K
Kioskpräsentation 20, 24
Kontrast 181
Konturen 84

L
Layoutvorlage 28
Linien 78, 87

M
Multifunktionsleiste 14

N
Notizen 70

O
Objekte 92
    ausrichten 97
    duplizieren 92
    gruppieren 92
    Reihenfolge 100
    sortieren 100
Office-Schaltfläche 16

P
PDF 198
Präsentation
    als Webseite speichern 174
    Gestaltung 180
Präsentationsformen 20
Präsentationsvorlage 24, 63

R
Raster 94
Reihenfolge 100

S
Schnellformatvorlagen 50
Schrift 183, 187
    Lesbarkeit 183
    Schriftgröße 190
SmartArts 130
    bearbeiten 134
    erweitern 136
    formatieren 137
    Text in SmartArt umwandeln 138
    verändern 136

T
Tabellen 102
    dynamisch einfügen 107
    Excel-Tabelle einfügen 108
    in PowerPoint erstellen 110
    Tabelle zeichnen 110
    Word-Tabelle einfügen 102
Tabellentools 103, 106
Textformatierung 32, 50, 86
Textgröße 32

V
Vektorgrafik 146
Venn 134
Verbindungslinien 87
Vorlagendatei 25
Vorschaufenster 16

W
Web-Präsentation 21, 174
WordArt-Formate 55
Word-Tabelle 102

X
XML 196
XPS 198

DAS bhv TASCHENBUCH: DIE PREISWERTE ALTERNATIVE!

Windows Vista Home

Winfried Seimert

544 Seiten

Windows Vista ist der langersehnte Nachfolger des beliebten Betriebssystems Windows XP aus dem Hause Microsoft. Dieses Buch bietet eine praxisnahe und leicht verständliche Einführung in die Heimanwender-Editionen des neuen Betriebssystems. Sie erfahren alles, um Windows Vista Home effizient und souverän im Alltag einsetzen zu können. Von der Installation bis zum Arbeiten mit Dateien, Ordnern und Laufwerken lernen Sie schnell das neue Betriebssystem zu beherrschen und an Ihre Anforderungen anzupassen. Erfahren Sie mehr über Zubehörprogramme und gehen Sie mit Windows Vista Home ins Internet. Schreiben und empfangen Sie E-Mails mit Windows Mail und stöbern Sie in Newsgroups! Sie werden Fotos bearbeiten und verwalten, Musik- und Videodateien abspielen und DVDs erstellen. Wertvolle Tipps und Tricks, hilfreiche Tastenkombinationen und ein ausführliches Glossar runden das Buch ab.

TEIL I: INSTALLATION UND ERSTE SCHRITTE
  Systemvoraussetzungen; Installation; Vista kennenlernen

TEIL II: TECHNIKEN UND PRAXIS
  Bedienungsgrundlagen; den Desktop erkunden; die neue Benutzeroberfläche AERO; Arbeit mit Dateien, Ordnern und Laufwerken; Drucken; Nützliche Zubehörprogramme

TEIL III: INTERNET UND MULTIMEDIA
  Internet Explorer; Windows Mail; Windows-Fotogalerie; Windows Media Player; Windows DVD Maker; Windows Movie Maker; Windows Media Center

TEIL IV: TIPPS, TRICKS UND TUNING
  Benutzerverwaltung; Windows einrichten, anpassen und gestalten

TEIL V: ANHANG
  Glossar, Tastenkombinationen

ISBN 978-3-8266-8175-2   (D) **€ 12,95**

Redline GmbH • Im Weiher 10 • D-69121 Heidelberg • Fax: 0 81 91 970 000-560 • http://www.vmi-Buch.de

DAS bhv TASCHENBUCH: DIE PREISWERTE ALTERNATIVE!

DirectX-Grafik-programmierung mit C++

Alexander Schunk

544 Seiten

Das Buch gibt einen umfassenden Einblick in die Grafikprogrammierung mit DirectX. Es richtet sich an ambitionierte Hobbyspiele- und Grafikprogrammierer mit Grundkenntnissen in C++ und der Windows-Programmierung mit der Windows API. Zunächst werden die theoretischen Grundlagen von DirectX und Direct3D ausführlich beleuchtet und anhand praktischer Beispielprogramme und hilfreicher Rezepte illustriert. Um Ihren 3D-Anwendungen den letzten Schliff zu geben, wird gezeigt, welche interessanten Effekte Ihnen in DirectX zur Verfügung stehen und welche Möglichkeiten darüber hinaus der Einsatz von HLSL – der High Level Shading Language – bietet. Die Vermittlung von Grundlagen der Computergrafik sowie Exkurse in die C++- und Windows-Programmierung runden das Buch ab.

TEIL I: EINFÜHRUNG IN DIRECTX
Grundlagen, 3D-Anwendungen, Direct3D

TEIL II: 3D-GRAFIKPROGRAMMIERUNG
Windows-Programmierung, Direct3D-Programmierung, Initialisierung, Vertices und Grundkörper, Viewports, Text, Texturen, Surfaces, Licht, Material, Transformationen, Meshes, Vertex und Index Buffer, Render States, Shader, DXUT

TEIL III: SPECIAL EFFECTS MIT DIRECT3D
Multiple Devices, Swap Chains, Multiple Vertex Buffer, Texturing-Effekte, Shadow Volumes, Alpha Blending, Emboss Bump-Mapping, 2D-Sprite, Partikelsysteme, Depth Bias, Z-Fighting

TEIL IV: KNOW-HOW FÜR FORTGESCHRITTENE
High Level Shading Language, Grundelemente der Grafikprogrammierung, Aufbau von Computersystemen, Performance-Tuning

TEIL V: ANHANG
Einführung in C++, Glossar, Inhalt der Buch-CD

ISBN-10: 3-8266-8174-6
ISBN-13: 978-3-8266-8174-5

inkl. CD-ROM

(D) € 22,95

Redline GmbH • Im Weiher 10 • D-69121 Heidelberg • Fax: 0228 97024-21 • http://www.vmi-Buch.de

bhv PRAXIS

Ulrich Stöckle
192 Seiten

HD ready oder was?

Zukunftssicher oder Abzocke?
Die richtige Kaufentscheidung

Sind Sie HD?
Die Technik und ihre Tücken

Selbst ist der Mann:
Eigene HD-Filme produzieren

✘ **Was ist HDTV?**
Vorteile, Nachteile, Sinn & Zweck

✘ **Spielzeug für Große**
Bildschirm, Beamer, Videorekorder, DVD, Sat-Receiver, HD-DVD und Blu-ray Disc

✘ **Kabelsalat**
DVI, HDMI & Co.

✘ **Wer sendet wie?**
HDTV-Programme, DVB-T

✘ **Erste Hilfe**
Fehlerquellen erkennen und beseitigen

✘ **Der Ton macht die Musik**
Formate, Lautsprecher, Surround-Sound

✘ **Und Action**
Eigene HD-Filme produzieren

ISBN-10: 3-8266-7437-5
ISBN-13: 978-3-8266-7437-2

(D) € 9,95

Redline GmbH • Im Weiher 10 • D-69121 Heidelberg • Fax: 0228 97024-21 • http://www.vmi-Buch.de